打開天窗 敢說亮話

U0053472

WEALTH

天窗出版

四桶金
投資快上手

林昶恆 著

目錄

推薦序

莫雪君 (Ms. Ada Mok)
宏利人壽保險（國際）有限公司
經銷部業務拓展助理副總裁

香港人口老化，平均壽命超過80歲。長壽是否等同富足的人生？

人生不同階段，例如創業、結婚、生兒育女、子女升學、退休等，各有不同的理財目標及保障需求。所以愈長壽，愈要好好規劃自己的人生。

Alvin 是香港首位認可理財教練，更是香港第一代認可財務策劃師，有近25年理財諮詢及培訓經驗。他出版了一系列有關理財策劃及人生規劃的書，對人生規劃有精闢獨到的見解，其中他的「四桶金」概念，便將複雜的理財策劃概念，深入淺出地讓大眾了解如何為人生不同階段的理財目標正確地規劃，以達致富足人生的目標。而今次出版的《四桶金投資快上手》，不單止有他針對資產增值的技巧和心法，更會有多位獨當一面的行業專家共同分享，相信讀者能夠從這本書獲得多方面的理財知識和技巧。

只要大家管好自己的「人生四桶金」，無論是甚麼年紀，或是哪一個人生階段，都可做好個人的理財策劃，達到人生目標。

希望透過這本「四桶金」系列的新書，令更多人開始為自己的人生作出籌劃，活出更精彩人生！

推薦序

許宇漢 (Mr. Bernard Hui)
友邦保險 (國際) 有限公司
資深區域總監
執行卓越人才培訓導師

從小到大一直有閱讀的習慣，喜歡在書籍尋求知識和樂趣。加入理財策劃行業23年來，可能本業是理財策劃，所以會多看有關銷售、管理和理財的書籍，在其中獲取到相關知識，可以提升自己之餘，亦可與同事和客戶們分享。

Alvin是我其中一個很欣賞的作者及講者，他寫一系列有關理財的著作，十分具資訊性但又不失趣味。尤其是《四桶金富足退休指南》一書，內容貼近生活，當中他對於理財的知識見解精闢，根基扎實，直接和有效地分享理財應該有的四類資金，令退休入息源源不絕。

慢慢地閱讀後，尤如發現寶藏，不禁立即介紹給同事們。及後發現，同事們閱讀後亦樂於購買此書送給客人。可見他的作品，不只是適合一般大眾市民，又適合正為退休而煩惱的中產人士，而且更是受一班專業理財顧問極為喜愛的天書。

今次，新書不只講及退休，而是更全面的投資理財規劃，例如這幾年，熱哄哄的年金配置規劃。

Alvin 深入淺出地為上一本書《四桶金富足退休指南》作出延續闡述，對於其中第三和第四桶金的組合管理有更具體的步驟說明，而 SPEED 投資快上手系統，把看來複雜的投資簡單化，而且十分實用。

另一方面，書中還有彩蛋，而且不只一個！邀請到多位重量級的專家，在他們的領域上作出獨到的分享，內容多元化，值得細味。

這本書繼《四桶金富足退休指南》後，必定成為我及團隊的另一本理財教科書。不但增長同業的理財知識，也提供給我們扎實點子去與客戶和朋友們分享，為客戶的未來規劃理財，一舉兩得！

在此祝願各位讀者，細讀此書後，為自己的理財和退休做更好的規劃和準備，擁有美好和健康的人生。

推薦序

陳思慈博士 (Dr. Joan Chan)
安盛金融有限公司
首席區域總監

獲得Alvin邀請撰寫序言，深感榮幸。Alvin是公司的舊同事，認識他是一個偶然的機會。當時Alvin給我的感覺，除理財經驗豐富外，他說話不多，非常謙虛，十分實在，因此第一次見面便留下了深刻的印象。Alvin因專心投入其個人培訓事業而離開了公司，大家見面機會少了，但我仍然留意他在報章及雜誌上發表的文章，每次讀後一定會與同事分享。

Alvin是一位出色的理財教練，所以過去四年，我們每年的CPD培訓都會包括他的課程，而每次他都能以深入淺出，風趣幽默的手法為我們分享不同的理財觀念，詳細解釋保險與理財的緊密關係，令我們的同事獲益良多。我們大部份同事都擁有他的《四桶金富足退休指南》。

本書是第二本四桶金系列的理財工具書籍，除退休理財外，本書也談論到人生不同階段的理財規劃，涵蓋的內容要比第一本更廣。值得一提的是本書包括有Alvin的透徹分析外，還有多位理財及投資專家分享理財及資產管理經驗，其中包括我非常敬重的劉Sir（劉智峯先生）。細讀此書不但為現職理財顧問帶來啟發，更可提升社會大眾的正確理財觀念。

現今市場上投資產品多不勝數，包括房地產、保險、股票、基金、外匯、期貨和期權等等，作為一個誠心為客戶規劃未來的理財顧問，我們有責任為客戶提供全方位理財建議，幫客戶在人生不同的階段得到足夠的財務及保障，而 Alvin 這本書能夠從多方面提升理財顧問的專業性。香港對金融市場的監管日趨嚴緊，對理財顧問的專業水平要求愈來愈高，但市場上理財顧問的水平仍有參差，因此消費者自己也必須要有基本的理財知識，才能為自己找到一個最合適的理財顧問。

誠意推薦這本書給大家，支持理財顧問行業專業發展。

推薦序

蘇婉薇 (Ms. Teresa So)
大同理財服務有限公司財務總監
國際認證財務顧問師協會港澳區主席
中國百名傑出女企業家獎(2015及2006年)
《香港經濟日報》及《iMoney智富雜誌》
頒發第一屆「保險風雲人物」(2016年)

環球經濟形勢瞬息萬變,隨著量化寬鬆貨幣政策的撤回、貿易戰的展開及智能科技在金融領域的推進,扭曲的資產價格及投資秩序正面臨重整。投資者面對愈趨複雜的投資環境及五花八門的金融工具,要實現投資目標殊不容易。適逢此時,喜聞Alvin推出四桶金理財系列的第二本書:《四桶金投資快上手》,將複雜的金融理財知識與技巧以輕鬆簡明的方式詮釋給讀者知,讓普羅大眾也能撥開迷霧輕鬆上手學理財,開創富足人生。

巴菲特曾說過:「人一生能夠積累的財富,不是取決於你能夠賺多少錢,而是取決於你將如何投資理財。」曾經有人打趣說,如果將世界的財富重新平均分配給每一個人,那數年後結果會怎樣? 誰會變得更富有? 誰會一貧如洗? 相信原來的富人還會是富人,因為他們精通金錢的規則,善於創造財富。要創造財富就要學懂金錢的法則,並在波詭雲譎的投資世界中保持清醒的頭腦,不要被市場波動情緒牽著走,掉進投資陷阱,打亂理財步伐。但在紛亂的市場

資訊中，如何才能作出明智決定，達成人生目標呢？ 難道要投入大量時間關注市場動態？ 本書提供了切實可行的方法。Alvin提倡的SPEED投資模式是令投資及退休規劃變得輕鬆的簡易法則， 結合了理財工具選擇、投資行為心理學及多元資產配置策略， 助投資者提升理財效率和執行力，毋懼市況波動。誠如Alvin所說，在投資理財的世界中，懂得選擇和積極主動規劃遠比努力和運氣來得重要。書中的年金配置規劃、專家經驗分享及有趣的理財個案研討為讀者解讀投資誤區，帶來新的理財視覺。

認識Alvin多年，深被他對普及理財知識的熱誠打動。Alvin見解精闢，讀他的書是一個充滿啟廸的過程。如你也想掌握理財的智慧，我誠意推薦你細讀本書，並把當中的理念與法則實踐到現實生活中，定能輕鬆擁有不一樣的富足人生。

自序

很高興能在2019年初推出新書《四桶金投資快上手》，這是值得記住的時刻，因為回顧過去，我已為400人的理財個案撰寫分析文章與大眾分享，再加上我已出版了五本書，所以我已為推廣理財教育而寫了超過100萬字，除此之外，由1999年開始成為培訓導師到現在，20年時間，我已與逾十萬人次分享正向投資理財概念，用了超過1萬小時在培訓、講座和個人理財咨詢。達到這些紀錄的背後動力，是因為我想將一些重要的人生投資理財觀念帶給大眾。

這本書能帶給你的不是一些必勝投資法，假如你相信有必勝的投資方法，就會注定失敗！相反，我希望讀者能夠從我的新作中吸收我過去四分一世紀的投資理財成長經歷和知識，然後消化及運用，成為一套個人化的投資理財程序，能有效減少因投資失誤所導致的損失，中、長線自然能夠達到期望財務目標。

為了令大家閱讀這本書後，可以容易記起及運用當中概念，我想了些易記的英文單字來幫忙。除此之外，非常感激Daniel，Franco，Jimmy和Pius接受邀請撰文，以提升大眾投資理財知識及執行力為目標，四位是累積實戰經驗總共超過100年的投資理財界專家及好朋友，他們從心態到實戰層面分享，對大家如何設定投資計劃，必能提供受用不盡的參考資料。

最後一課是個案應用，我將一些過去面談個案重新整理，分為三個階段，以四桶金組合形式和大家分享，令你能容易吸收及套用在個人處境中，而理財顧問亦能容易學習及有效協助客戶制訂人生理財大計。

這本書由我和多位在投資理財界別中不同範疇、獨當一面的專家共同參與而寫成，每人的經驗都有廿多三十年，任何人閱讀後一定能有所啟發，對人生理財規劃獲益良多。

希望大家能夠「投資快上手，人生滿成就」!

我要感謝不少支持我出版這書的朋友，包括天窗出版社和為我撰寫推薦序的四位資深行業專家，Ada，Bernard，Joan和Teresa。家人是我努力工作的動力，我也要感謝Grace，Sofia和Argus對我的信心和支持。

"The most important investment you can make is in yourself."

-Warren Buffett

林昶恆

前言

四桶金理財組合及投資原則

我在2017年出版了《四桶金富足退休指南》之後，有賴粉絲支持，執筆寫這本四桶金系列新書時，《四桶金富足退休指南》已籌劃出第四版。在這年多時間內，收到不少讀者及朋友的回應，他們明白退休是很遙遠但重要的事情，但不知今天應如何開始規劃，尤其是針對投資方面，希望知道如何透過將資金分配在不同的理財工具，而達到人生不同階段的理財目標，長遠能有效地規劃退休藍圖。行動最實際，沒有計劃的目標只是願望，緣份來了才會成功。因此，我寫這本新書的主要目標，便是協助大家不論在人生哪個階段，今天便動起來，快上手開始為人生目標而投資。

無論你是甚麼年紀，或是哪一個人生階段，在面對儲蓄和支出時，相信也有面對相似的問題，便是擔心預期回報不能達標，儲蓄比預期少，而支出比預期多。如需要處理這些問題，除了要管理個人期望之外，另外便需要做好資產配置，先和大家來個溫故知新，一般人應該將他的財富分為做四部份，即是我所說的四桶金，分別是應急資金，人身風險儲備，平穩收益組合和長遠進取組合。

(一) 應急資金

任何時候都會有預計不到的事情發生，亦有機會導致有額外的金錢需要，所以在任何人生階段都應該在財富組合中設立一個應急資金儲備，而金額則視乎個人能夠獲得額外資金的途徑及能力而定，對一般有穩定收入的人來說，通常這是他的每月日常支出的三至六倍；對於退休人士來說，因已沒有工作收入，所以這部份應該要增加至大概等同一年的日常支出的金額，除非已經利用已經完成供款的儲蓄保單作為應急儲備，否則這部份的選擇只有現金或活期存款。任何價格隨時會因市場因素而變動的理財工具，例如股票或投資基金，甚至乎債券，都不是適當的安排。

(二) 人身風險儲備

人身風險儲備是主要用作應付疾病，早逝或意外等原因而導致需要額外現金的安排，所以主要都是不同的保險計劃。通常會用到的包括人壽保險，住院醫療，危疾保障，意外保障和傷殘保障等。針對不同保險產品，計算需求的方法亦有分別，基本上都應以需求為本，在之後的個案中我會再解釋。針對一些不喜歡保險產品的人，便需要準備額外資金作為醫療和家庭生活儲備，金額相比第一桶金的「應急資金」高很多，應以50萬或以上為標準。

(三) 平穩收益組合

平穩收益組合應包括一些能夠提供穩定收入的工具，對於退休人士來說，主要用作應付日常的一些基本生活支出，選擇重點應該是平穩收益為主，通常符合條件的工具包括債券，派息基金，還有派發收益的保險產品和年金等，當然在選擇理財工具時必須有計劃和有方法。

(四) 長遠進取組合

長遠進取組合的作用是期望能夠承擔較高風險下，長遠可以提供比通脹更理想的回報，所以這部份主要都是一些以股票類投資為主的工具，包括直接投資股票，股票基金，或是以股票為主要成分的混合資產基金，除了這些之外，自住物業以外的房地產投資亦應該歸納在這個部份。雖然有人會利用買樓收租作為入息，但以回報計算，基本上不算吸引，所以買樓的主要目標離不開都是資本增值，以此來分析，便應該是一個長遠投資，期望達到資本增長的策略，所以我認為是屬於這個組合部份。

四桶金是一個全面理財組合。大家要切記四項安排缺一不可，第一和第二桶金主要處理難以控制的因素所導致的支出，例如緊急資金週轉，失業而失去收入，生病而增加支出，甚至家庭經濟支柱早逝而失去穩定而重要家庭收入等，是管理支出組合；做好第一和第二桶金後，將其餘資金配置在第三和第四桶金中，期望創造更多財富，應付將來不同時間的資金需要，是管理收益的組合。好的理財計劃一定要攻守兼備，照顧支出及收益。

SPEED 投資快上手原則

有否親身經歷過或聽過其他投資者的「短炒變長揸」或「長揸變短炒」的故事呢？無論有多少投資經驗，都可能會發生，當期望與現實出現明顯差異，達成目標的機會便會降低或消失。我希望大家能透過了解在本書中的「SPEED投資快上手」投資原則後，能幫助減少有關問題，並明白這套原則實際是怎樣將資金配置到第三和第四桶金之中。

我用SPEED這個英文字歸納了作出投資決策時需要注意的五項事情，希望能夠容易明白，亦取其意思，可以令大家投資快上手。

S = Selection of Tools（選擇投資工具）

P = Psychology of Investing（投資心理）

E = Execution（執行決定）

E = Evaluation（檢討計劃）

D = Distribution（收益規劃）

以下的五課將與大家詳細分享SPEED。希望大家積極為富足退休的路，做好投資安排。

Chapter 1

選擇投資工具
(Selection of Investment Tools)

以下那句說話能較貼切地形容你平常的投資決定呢?

(一) 因為A項目的高回報而投資

(二) 因為需要投資而選擇A項目

選擇了(一)的讀者,只是被高回報吸引而投資,事實是不懂投資,只是投機或賭博,「搵命博」!

選擇了(二)的讀者,應該是由需要帶動的投資,行對了第一步,但最後是否能達標,還要看過程,之後我會和大家更詳細地分享。

1.1　投資首要「食得落、瞓得著」

為甚麼我會說選擇（一）是「搵命博」呢？因為買了之後可能有利可圖，但如果「走唔切」，隨時會血本無歸，而且上升時通常因過度興奮而大量投資，甚至是借貸投資，當市況逆轉時，輸錢是必然了，在職人士有機會可以慢慢儲回來，但對將退休或已退休而沒有收入的人士來說，可能已經沒有翻身之日，「人又老，錢又無」，真是不知怎樣好，一時想不通，可能做傻事或嚴重影響健康！

2018年香港及美國股市大上大落，不少投資者都變成驚弓之鳥，但相比上，在過去一年的表現令人更加驚心動魄的投資工具非加密貨幣莫屬，

其中最為人熟悉的是比特幣。由 2017 年 12 月 16 日創下歷史高位 19,588 美元，之後下跌到我執筆時的 3,400 美元以下，一年不夠的時間已下跌了超過八成！假如你是加密貨幣投資者及已退休，恐怕這些表現對情緒和身體都有很大的衝擊。所以想為財富增值的第一步，是選擇一些適合自己的投資理財工具。

我個人的投資經驗接近四份一個世紀，今天我們看到加密貨幣的熱潮及災難，明白到新投資概念的危與機，其實過去不同時候都總有當時的投資新概念，亦一定有人有獲得豐厚利潤的機會，才令到更多人冒險跟進而貪勝不知輸，最後輸

得徹徹底底。我還年青的時候，曾經投資了兩隻遠在澳洲的鴕鳥，希望牠們能夠傳宗接代而可以令到我的財富也代代相傳，當然今天這個投資像鴕鳥遇到捕獵時把頭鑽進沙堆裡一樣，已經長埋黃土之下。

投資絕對不是「搵命博」。如果你做了投資後，會十分不安心，常常因投資而變得神經緊張，每時每刻都要盯著報價，寢食難安，這樣的投資我勸你還是不要做，無論投資最後賺回來與否，你已經白白賠上的，就是你的健康，無論是生理上還是心理上的健康，得不償失，所以投資首要原則，離不開「心安」二字，心安地投資，心安地等待，心安地檢討投資組合。不要讓投資成為過度的負擔，投資絕對是可以好好地進行，只要你找對適合你的方法，再懂得分散風險及處理好心理質素即可。希望本書餘下的章節，能逐步助你做好對的投資策略，心安「利」得地為退休做好投資部署及準備。

1.2 持5項投資產品已足夠

基於個人經歷及對投資市場的認知，我偏向於採取簡單便是好的做法，我看過一本名為 *The 3 Simple Rules of Investing* 的投資理財書，書中提出的其中一個簡單投資規則，便是簡化你的選擇。

作者提到不論你是散戶或有錢人，最多十項投資產品已足夠，再多亦對財富組合影響不大。他亦指出5種最需要的投資產品是：

1.與通脹掛鉤的證券

2.本地股票

3.國際股票

4.年金

5.定期壽險
（沒有儲蓄成份的人壽保險）

看到最後一項時，可能你有疑問，為何定期壽險都是一項投資產品，原因是作者指出投資的重點是為有需要時製造現金流，當你從這個角度考慮便應該明白了。

根據這個思路，扣除人壽保障以外，你應選擇的投資工具正是第三和第四桶金所提到的平穩收益和長遠增值產品。

針對投資本地股市，可以透過股票或股票基金而進行，國際股票投資通常以基金形式進行，而年金和保險類儲蓄產品都可以製造穩定收益。

投資可以是一個很長的過程，但不要因為時間長而對一些簡單的投資工具生厭而追求一些當時得令、更新鮮，有話題的投資產品，否則可能你會享受了過程，經歷了大上大落，但結果是一無所有。

這是一個起點，從簡單開始，如果你有充裕資金和豐富理財知識，又想考考運氣和眼光，當然可以再增加投資選項，但都應該控制在不多於10項，因過度分散和過度集中都不是好的投資策略。

1.3 比較投資理財工具的 6亮點

要選擇適合自己的投資理財工具，首先需要知道怎樣比較，我通常會以下列6項因素進行比較，以得出心宜亦合適的選擇。

1) 被動入息

這是指不用花精神而能夠透過持有資產所製造的入息。風險與回報之間的取捨是其中一個考慮因素。一般銀行存款風險相對低，回報當然亦低；而大部份資金投資在定息工具的產品相對回報較穩定，中長線考慮平均年回報大概3至4%；而再高的被動入息收入是超過5%或以上，有部份股票的股息率能做到這個水平，

所以屬於高水平，相反對股價有潛在高升幅的股票的股息率便不要存有期望了，而房地產的租金收入大部份情況都低於3%，所以屬於低水平。

2) 保證收益

今天能夠提供保證收益的產品選擇不多，但保證有亦都不要期望過高，而保證收益率最高相信是終身年金類產品，因通常不能提早取回本金，所以都是一種取捨，而且有保證亦一樣存在風險，主要是提供保證的機構會否倒閉，由於香港的監管完善，所以這種風險相對較低。

3) 價格波動

這反映了投資產品資產價值上落的幅度，股票的單日波幅可以高達雙位數百分點，所以風險極高，而房產投資通常都牽涉到借貸，所以價格上落亦因槓桿效應而放大，曾經經歷97至03年階段的香港人，可能還記得當時住房價格可以平均下跌七成！

4) 部份提取

如果有資金週轉需要而要套現部份投資,房產投資便沒有這種彈性,退而求其次的做法可能是透過加按物業製造現金流,但成本要求亦增加及有限制,相反其他投資工具都可以部份提取,但本金有機會因市場波動而損失,包括債券,基金和股票。

5) 長期增值

根據經濟週期運行的資產亦會隨著經濟增長和衰退而價格有上落,所以是否能夠長期增值視乎買入和賣出價,亦要考慮當時的外在環境。

6) 收益期

收益期指能夠製造收益的時間,有些產品的收益期存在波動性,有些產品因設計的要求而有較肯定的收益期,基金,股

票和房產的收益是不保證的，能否得到持續收益，這些產品分別受投資經理或上市公司董事局或租客的決定影響，較被動。

以下表格總結我對各種常見投資理財產品的比較。

	定存	保險	債券	基金	股票	房產
被動入息	低	中	中	中至高	低至高	低
保證收益	有	有	沒有	沒有	沒有	沒有
價格波動	沒有	沒有	中	中至高	極高	極高
部份提取	可以	可以	可以	可以	可以	不可以
長期增值	可以	可以	視乎投資環境及買賣時間			
收益期	終身	可終身	有期限	浮動		

另外，大家需要注意有些產品類別中變化很多，所以單純一個統稱未必能夠完全表達產品特色，例如保險的類別便包括年金產品，不同供款及提取收益模式的儲蓄壽險產品。而基金亦可以簡單分為股票基金，混合資產基金，債券基金等，債券基金又可以再細分為投資級別或新興市場債券基金等等，非常多選擇，所以考慮是否投資這類產品時，亦需要小心謹慎比較及清楚特性，不可只憑回報數字做決定，最好有專家和你分析。

以上只是我認為較重要的6項因素，還有其他的考慮，例如買賣成本。我沒有將這個項目列出來作比較，原因是各類產品的交易成本計算方法很不同，除此之外，除了實際真金白銀的支出，心理成本亦因人而異，例如有些人說股票的收費較基金便宜，我便不完全認同，因為他們只計算數字上的分別，而沒有考慮到股票可以頻繁交易，每個交易日無限次買賣，所導致的額外支出可以高許多，而這些交易亦受到心理因素所推動，容易因市場變化及資訊氾濫等而做錯決定。但整體來說，我相信房地產的交易成本應該是所有資產中最高的。

1.4 年金的用途

政府積極推廣年金，政府在2017年才提出有關公共年金的概念，到2018年中已經正式推行，效率之高，少有所聞，不論動機如何，相信對年金產品的重要性的認同是不容置疑的。中國銀行保險監督管理委員會在2018年5月亦發出了《個人稅收遞延型商業養老保險產品開發指引》，同樣地反映出鼓勵保險公司為客戶需要有更多延期年金產品。

年金和一般能派發收益的保險產品運作相似，都是製造穩定收益的工具，但只從「有錢收」角度看，很多理財產品都有這種功能，有興趣多了解一些常用理財工具的特性的讀者，可閱讀《四桶金富足退休指南》，哪為何一定要購買年金類產品呢？

北美精算師協會曾經在一份有關管理退休後風險的退休規劃
指南中提到，我們退休時可能會面對以下的風險：

長壽	通貨膨脹	利率走勢	股市波動
退休前工作公司業務連續性	就業	公共政策	欺詐或盜竊
喪失獨立生活能力	住房需求變化	配偶離世	其他婚姻狀況變化
無法預料的家庭成員需求	糟糕的建議	意外，醫療及保健的支出	缺乏可用設施或看護者

年金產品能有效應付以上提及的風險類別包括長壽、利率走
勢、股市波動、欺詐或盜竊和糟糕的建議等，相反，其他能
派發收益的理財產品並不可以同時管理剛才提到年金及一般
能派發收益的保險產品的風險，所以這類產品對處理一些指
定退休風險有絕對重要的角色。當然，為了配合不同的個人
及環境需要，精算師亦會改變產品特性去配合需求，產品的
合適性便會受影響而不一定一種產品適合所有人，所以作出
購買決定前一定要多了解或咨詢專業顧問意見。

Chapter 2

投資心理
(Psychology of Investing)

選對了投資產品，都可以在同類別中選錯，而往往選錯的原因都離不開和人性及貪念有關。

投資市場變幻莫測，對在職人士來說，今次投資表現未如理想，還有未來日子，有機會追回損失，但對退休人士來說，因為沒有工作收入，就算面對損失，亦需要為生活而被迫將虧損的資產套現，到未來就算投資從低位回升，亦可能投資資金因生活需要而減少，能追回損失的金額降低了，結果資產損耗比預期快。

錢沒有了以外，心情一定受到影響，隨時身體健康亦會變差。所以投資規劃必需審慎處理，除了留意市場狀況外，良好的心理質素亦有助提升投資表現。

2.1 投資規劃
從心出發

日常影響投資決定的因素有很多,其中從投資心理學角度看,有幾項值得特別注意。

別聽了便信以為真

來自傳聞或故事的一些證據,一般人都喜歡聽,當故事的細節愈詳細,描繪得愈栩栩如生,便愈容易令人印象深刻,相信的機會愈大。以往我從事股票經紀及投資顧問的時候,亦有不少這些吸引人投資的故事,令投資者相信「此時不買,更待何時?!」當然,投資後,想法便不一樣,甚至感覺被騙,但又不能追討,因沒有任何人迫你投資的。

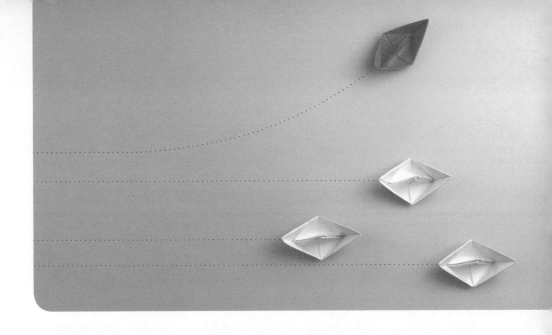

這些多聽了便以為是真的資訊來自很多不同的來源，包括身邊的朋友，親人及同事，除此之外金融機構中介人的影響亦很重要，而近十年八載互聯網的影響力亦不遑多讓，當資訊從多途徑出現時，便會令投資者容易信以為真，最後自然會「落搭」，而結果如何便要看運氣了。

直覺推斷的偏差

這是投資者在不確定性的情況下，會根據某些考慮特點而直接推斷結果，但過程中並沒有充分考慮這種特點出現的真實性，以及與這些特點有關的其他因素。而且，當媒體報道的次數愈多，對推斷結果的影響愈明顯。

當一些媒體持續報道同一消息，投資者便會容易受這些報道影響，而根據這些報道的分析來做投資決定，亦因為報道的頻率高，而對他們的結論的信任度亦較高。回想過去的金融動盪時期，例如「亞洲金融風暴」，「金融海嘯」及「歐債危機」等事件，很多投資者事後檢討時都認為自己做錯了決定，而其中原因便是參考了當時不少專家的專業分析和評論，他們是否存心欺騙呢？當然不是，只是因為他們也出現了直覺推斷的偏差。

近年相信最多人會擔心影響投資表現的因素便是中美貿易戰的問題，而不同專家在根據不同假設下對未來有不同的推測，而誰對誰錯，便只有靠時間來證明。而投資者便會主觀地參考認為可信性最高的分析去做投資決定，將自己的財富像注碼般押上了，當然結果如何都是未來才知道。

展望理論

這是行為經濟學當中一個很知名的理論，1979年時由丹尼卡內曼(Daniel Kahneman)及阿莫斯特維斯基(Amos Tversky)開始構思，到1992年才發展成熟，到2002年時更

因為理論協助分析在不確定情況下的人為判斷和決策方面作出了突出貢獻，丹尼卡內曼更因此獲得當年的諾貝爾經濟學獎。

傳統的經濟學理論都假設每個人作決定時都是「理性」的，但相信大家都有經驗現實情況並非如此，否則便不會不時聽到投資者作了投資決定後會說：「早知便……」。相反，展望理論假設每個人對風險的理解和接受態度都有不同，理論同時考慮了投資者對賺錢和蝕本、預期投資回報發生的機會率高低等的不對稱心理效應，成功解釋了許多不理性的投資者決策現象。

當然大家不要存有誤解，認為展望理論是一種必勝投資心法，不少人便因為有這種以為能夠控制大形勢的能力和技巧而作了不少不理性及錯誤的投資決定。展望理論只是描述性而非指示性的理論，理論的用途是解釋現象，而並非分析怎樣作決策才是最好的。好的投資及理財決策必定是考慮了個人需要和風險與回報之間的取捨關係下的決定。表面上我的說法似是答了等同於沒答，假如大家能夠仔細想清楚，便明白我以上說法的重點是要指出，所有投資及理財的決定，都一定要配合人生目標及按能力而量力而為，否則在面對市場

或個人因素出現預期以外的變化時便會導致我們胡思亂想，持續地做錯決定，結果是問題變得愈來愈嚴重而確認要面對現實時已是難以翻身。

展望理論分析了投資者有4種常見的投資決定模式，分別是：

1. **賺快錢**：當投資有利可圖時，便很快獲利；

2. **唔怕輸**：當投資面對虧損時，便持續持有，甚至加碼；

3. **唔肯輸**：如果要從有賺有蝕的投資組合中套現，通常會選擇賣出賺錢的資產；

4. **贏輸入市點**：決定投資買賣時對得失的判斷往往受一些特定價格影響。

簡單來說，面對贏輸時，人的風險承受水平會隨心態而改變，而勝負往往是相對參考點而非實質金額。眼見股票價格大上大落時，會否忍不住而在低位時沽售之前高位買入的股票，但市場從低位上升時又擔心高追而白白放過了幾天便上升千多點的賺錢機會呢？如果你有這些行為及心態，不要奇

怪，因這是正常人的反應，但持續發生便會影響累積財富的時間和價值，要減少發生機會便先要學習展望理論如何影響我們的理財決定。

根據理論提出所觀察到的現象，當投資者的投資項目有盈利時，往往會因為有錢賺而將項目沽售獲利，期望減低風險，但沽貨後，又因為投資資產持續上升而把持不住，之後在更高的位置買入，但再買入後便因在高位買貨而面對市場或投資資產調整而出現損失的狀況。

相反如果持有的資產是一些蝕本的投資項目，又因為不喜歡面對損失而希望在較初期買入價格較低的價格再增加資金，

希望透過「平均成本法」而降低平均買入價，期望未來能夠在打和或甚至乎有利可圖的位置沽出投資，但這樣做會令到風險增加，變相損失機會亦增加。大家可能有聽過有人喜歡買股票時「溝貨」，但愈買價格愈跌，當市場或項目出現大跌時，投資者便決定在更低位置將所有投資沽出，蒙受很大損失。而沽出投資之後，項目又從低位上升，令投資者出現非常後悔的感覺。而當沽出投資而確認損失後，便開始發展一種不適宜再投資的想法，到資產由低位上升時亦都不敢再買入，直至去到更高位置時，又忍不住而再買，但又可能是高位入貨了。這種投資周期現象，長期不但對財富增長沒有幫助，甚至幫倒忙。

如果我所講的狀況是你面對的情形，你是時候要明白對你影響最大的不是市場問題，而是你的心理狀況，這些狀況會影響了你一些短期的投資決策，但長期決策亦會因為心理狀況而受到影響。

心理因素不單影響你每個投資理財決定，更會直接影響理財計劃的長期表現，而其中最常出現的問題是過度自信。一般投資

者在市場向好時通常都會自信心「爆棚」，而心態影響行為，接著便發生很多事後檢討時覺得不應該會出現的問題，而頻繁的買賣交易便是其中一種錯誤投資行為，尤其是股票投資者。很多在大好形勢時曾經獲利，所以更堅定相信自己的看法，由於極度主觀，所以對一些市場資訊的分析和篩選便出現了很大偏差，就算身邊有親朋好友或其他專家的提點，亦完全聽不入耳。在這情況下投資組合必定偏向較高風險，和分散度亦會較低，當市場出現逆轉，便走避不及。2018年初很多人相信一隻股票的價格會挑戰500元大關而400多元以上仍然積極買入，而股價反覆向下時再持續「溝貨」，但同年股價曾跌破260元，是期望價的一半，還敢買嗎？

處分效果

有不少有超過10年投資經驗的人士，手上持有已很久的股票或基金，都並非獲利的投資，反而是正面對很大的虧損，而他們不打算沽出的主要原因是不希望面對最初購買的決策錯誤已出現後悔的痛苦，這種現象稱為處分效果。

今天境況不是突然出現，通常是因為過去投資項目有利可圖時便賣掉，而未能賺錢的繼續持有，期望將來能夠收復失地，當這種行為持續長時間，投資者持有的資產便只是些「食之無味，棄之可惜」的投資。我們買進投資時，只有一個想法，便是期望能賺錢，愈多愈好，但結果未必符合樂觀預期，相信面對虧損時又不認真面對和檢討，最後因資產價格再進一步向下調整，只好期望更長遠的將來有機會翻身，當然這都是自欺欺人的心態，根本心底裡明白已是有等於無。所以長線投資的表現，是否有眼光而買入優質資產未必是唯一及最重要因素，反而買進之後如何管理有更大及深遠的影響。

情緒資本

假設在過去一段長時間，你都投資在一些股票或基金，但表現一般，現有人向你建議作出轉換，你會如何處理呢？如果你堅持持有原有的投資項目而不做任何改變，但別人的建議投資表現較好，你會感到後悔，這種稱為「不作為的後悔」，就是沒有採取行動而錯失機會的後悔。

相反如果你聽從建議而轉到新的投資項目，但反而舊有的投資項目卻表現更佳，你亦會後悔！這種因採取行動所造成的後悔稱為「作為的後悔」。這兩種後悔感覺有沒有分別呢？

「作為的後悔」的感覺較為強烈，因為你對原來的投資已投入了很多「情緒資本」，已長時間持有，當持有的時間愈久，就算表現不濟，可能愈難決定是否要賣出，因此亦有人提過不要和股票談戀愛，正就是和這個心理因素有關。

2.2　影響長期投資表現的因素

財務策劃概念中有一種名叫「時間價值」的概念，意思是在不同時間，同一金額的金錢有不同的價值，而導致有分別的其中主要因素是通脹令金錢的購買力下降。但原來同一時間，同一金額亦會出現不同的價值，這原來是跟我們的心理有關。

心理帳戶

心理帳戶指的就是人們偏向於將金錢分布在不同的帳戶之中，而如何分布資金的考慮因素主要是根據個人對金錢的主觀看法來決定，例如金錢的來源和不同帳戶的用途等等。心理帳戶

理論指，投資者會根據不同資產組別決定不同的用途，而因為用途差異導致願意承受的風險水平亦有差異。事實上，這些想法和行為並非理性，亦有機會影響長遠滾存財富的結果。

過去十多年，一種因為低息環境而出現的常見現象，便是有些投資者一方面在銀行存有不少存款，但同一時間卻透過借貸而製造流動現金，用作應付日常消費，甚至用作投資。存放在銀行的資金利息很少，但借貸得來的資金卻有相比是近十倍或以上的借貸成本，同步進行保留存款及借貸令到財富整體上出現了無謂的損失。

為何人們有這種心態呢？不少人認為保留存款在銀行是用作應急用途，所以不介意利息回報較低及需要保存而不隨便調動，但同時因為有實際需要或是感覺有機會，又從金融機構借出資金作消費或投資用途。這便是其中一個我們為死物「金錢」製造不同意義的例子。

為何不少人會將大部分財富投資到房地產資產類別而忽略了過度集中的風險呢？根據心理帳戶的解釋，便是「房地產帳戶」能提供更多價值，因此值得擁有更大的比重，但「價值」卻是很主觀的東西，牽涉到個人的心理考慮。

另一種因心理帳戶概念而導致的投資偏差便是管理退休資產。很多時聽到打工仔對管理強積金採取積極不管理策略，其中部分人的解釋是認為強積金選擇少及金額少，主要是為未來的退休而安排，還有很長時間才能運用，所以現在不需要認真對待。

相反，其他投資如股票和基金等等，便很容易因為市場波動狀況而表現了管理過度的行為。事實上，他們分布到股票和基金的資金都是為退休而安排的，因此同樣目標及用途，但在不同戶口便出現了不同的處理手法。

除了用途外，資金的來源亦容易令我們將金錢不當地處理，大家是否有經驗：假如從賭博或是年終花紅等等情況得到的資金，因較容易得到，運用上亦會較為「疏爽」；相反，每月付出了時間和勞力而得出的工資，很多時又會很小心謹慎地運用，這亦是心理帳戶所引致的消費行為。

我和大家分享過心理因素如何影響了投資理財決定，期望將來你用錢或作出投資決定時，會更容易明白自己面對甚麼的影響及如何作出明智的決策，為累積未來財富有更好的計劃。

2.3 年金難題 (Annuity Puzzle)

自政府從2017年中開始積極推廣年金產品，強調是協助退休人士規劃退休入息的理想工具之一，香港退休理財的環境出現了變化，年長人士多了考慮一種一向有而沒有留意的選擇。

根據保險業監管局《2018年1月至9月香港長期保險業務的臨時統計數字》，2018年1月至9月年金產品的年度化保費已超過64億港元，這已包括了政府推出的年金，相對2016年全年，當時政府還未開始積極推廣年金，當年的年度化保費只是26億港元；而相對2017年全年的年度化保費73億港元，已是2017年全年銷售的88%，相信2018年又是一個新的銷

售紀錄，而可想而知，年金的受歡迎程度在這兩年大大提升了。而中國銀行保險監督管理委員會亦在2018年5月時公布了《個人稅收遞延型商業養老保險產品開發指引》，反映出中國內地對延期年金產品的發展也確認其需要。但與年金除外的人壽保險產品的年度化保費比較，還是有天淵之別，同樣是根據保險業監管局《2018年1月至9月香港長期保險業務的臨時統計數字》，年金除外的人壽保險產品的年度化保費是年金的10.7倍，原因何在呢？

愈長壽收益愈多

外國有一個名詞用作形容人們偏低採用年金製造退休入息的現象，名為「年金難題（Annuity Puzzle）」，2017年諾貝爾經濟學獎得主Richard H Thaler，被稱為行為經濟學之父，他早年在美國《紐約時報》中發表了一篇有關年金難題的文章，提到在標準的假設環境下，經濟學家指出運用年金製造的退休入息，較一些自己管理投資組合來製造入息的退休人士，能夠更多更持久，明明是較「著數」，但為何又會出現年金難題的現象呢？

根據分析，當中主要原因是考慮購買年金的人士將這種產品和其他投資工具，例如債券和股票等作比較，由於年金領取人所得到的收益，有可能受投保人的預期壽命影響，所以出現了回報不確定性，例如是身故後便停止收取入息的終身年金，如果投保人擔心自己的壽命比預期壽命低，到時能收到的累積退休入息便會比預期少，感覺是一種損失。相反，如果要「賺得多」，便要比別人長壽。可惜有誰可以肯定自己有多長壽呢！由於理性投資者一般都會存在規避風險的投資態度，因此當他們發現回報不肯定時，便不考慮購買年金。除此之外，其他常聽到的原因還有感覺靈活性不足，擔心金融機構倒閉和感覺儲蓄不足而不想將資金鎖住在年金產品中等等。

不選擇年金涉及心理

其他投資工具的潛在回報又是否很確定呢？假如大家有參與任何潛在回報較銀行活期存款高的財富增值工具，都明白到一個很簡單的道理，便是要得到高回報便必需承擔高風險，相反承擔了高風險後，又不代表一定能獲得高回報，因此，基本上任何有潛在回報高於活期存款的投資選擇都應該存在不確定性。有關靈活性不足或不想鎖住資金的問題，實際是沒有安排好應急錢和保險保障所引致，即是未準備好四桶金之中的第一和第二桶金，便直接考慮第三桶金，當然會有問題了。至於擔心金融機構的信用問題，相信多了解金融監管條例便會放心很多。所以不選擇年金的實際原因，可能並非因為投資回報不確定，或其他之前討論過的疑問，我相信是與投資者對產品的認識程度有更大關連性。

話雖如此，這便是今天大眾及理財業界都同時面對的現象，有否任何方法能夠改善這種處境，以協助大眾有更好的退休現金入息規劃呢？

從投資角度看年金，考慮的唯一重點是回報，而傳統終身年金的回報與年金領取人的壽命掛鉤，而預期壽命又存在很大的不確定性時，便導致購買年金的動力減弱。相反，如果從消費角度看年金，效果便很不同。美國全國經濟研究所的研究指出，當考慮年金是一種投資選擇時，例如強調「投資」和「收益」等字眼，只有21%的受訪者會選擇投資年金，但從消費角度看年金，例如強調「消費」和「支付」等字眼，便有72%的受訪者會考慮購入年金！

兩者的分別是甚麼呢？假如從消費角度看年金，這種工具可按設計而能夠提供終身及穩定的收益，因此到退休時的消費預算便能夠有效控制。另一方面，年金能夠提供終身收入，所以當退休人士年紀持續增加時，反而收入因安排了年金而不會明顯減少，降低他們對未來「人又老，錢又無」的擔憂，所以保證終身入息的特性正可以作為一種管理長壽風險的安排，而且有確定的金錢來花，人是會比較開心的，及動力也較大，這也是行為經濟學的內容。

Chapter 3

4D 執行投資法則
(Execution)

當要做一個投資項目的買入或沽出決定時,你會認為「買入」還是「沽出」決定較難作出或是沒有分別呢?如果已進了場並考慮是否要沽出,因為已經發生了「關係」,所以會有更多問題要考慮,特別是沽出後便會面對出現大額損失的情況,所以不少人都認為放棄的決定較難作出,結果便會出現之前第二課投資心理部份所提到的現象。正常情況是沒有人為了追求損失而投資的,如果想減少以上提及的困擾,便要在買入任何投資產品之前先考量清楚,每次都要問自己一個問題:「假如投資結果不是賺,而是輸,甚至全輸,是否能承受到這衝擊呢?」。如果答案是:「可以」,這個投資便可以去馬!之後再要決定的問題便是以下的 4D 執行投資法則。

3.1 決定投資方向
(Investment Direction)

不論處於任何人生階段，參與任何投資，只要有比銀行存款為高的潛在收益，便需要面對更高風險。要降低風險，可考慮運用我提出的4D執行投資法則，4D分別是(一)投資方向(Investment Direction)、(二) 分散投資(Diversification)、(三)平均成本法(Dollar-Cost Averaging)和(四)紀律(Discipline)。

(一)投資方向
(Investment Direction)

這裡所說的投資方向並非如何選擇每年的投資機會，我個人偏向於不會每年針對世界大事

而選擇一些有「潛質」的市場，首先有多少時間和對市場有多認識已是重要考慮，工作繁忙人士根本沒有時間和心情去緊密跟進，加上自己不懂的事情又只可聽別人分析，不明白亦不知怎去考慮，「只要信，不要問」，結果是屬於自己的財富卻失去了控制的權力。最後，就算真是有時間和認識，亦需要有運氣，我在不同的培訓班和講座，都時常提及股市是「估、試」，所以不要過分堅持。

我所說的投資方向實際是人生方向。甚麼時候需要資金影響了怎樣去投資。法例沒有規定已退休的人士不能夠投資高風險工具，亦沒有人說年青人一定要進取，通常最簡單的都

是根據你不同的財富需要時間而設定投資期，即是甚麼時候需要套現用錢，這便是你的投資期。所以做任何投資決定之前，第一件事反而是應該要知道投資不會是無限期，預算用錢的時間決定了選擇甚麼工具，還有不論年期都要考慮承擔多少風險。

人生常見的投資方向，我簡單分為三大方向，分別是創富，守富和傳富。顧名思義，創富代表創造更多財富；守富代表怎樣能夠保存現有財富；和傳富代表如何能夠將你的財富按意願傳承給後人。不同工具能夠達到的效果有分別，這部份在之後第五課會再詳細討論。

3.2 分散投資
(Diversification)

研究指出分散投資能夠有效降低投資風險，但投資的項目必須存在負相關性或沒有相關性，否則如何分散亦與集中投資沒有分別。在第一課討論選擇投資工具的時候，我列舉了幾種主要的投資理財工具，包括定存，保險，債券，基金，股票和房地產，當考慮分散投資的時候，如果只是在同一種工具中分散投資，例如分散投資在數十隻香港上市的股票，因相關性高，所以降低風險的效果會打了折扣，因此要有效分散風險，必須將資金配置到不同類別或不同地區的資產中。

美國一位資深投資專家Mr. Alexander Green 在2003年時提出一個名為The Gone Fishin' Portfolio的分散投資組合，他的意思是只要每年適當地配置資金到股票和債券基金後，便可以安心地去釣魚，所以我亦翻譯為「釣魚組合」，而由2003年到2017年的15年期間，雖然經歷了金融海嘯及歐債危機，但Green建議的「釣魚組合」年度化回報都有約8.6%，是一個很不錯的成績。

「釣魚組合」計算機

但不同人生階段及財富狀況下，可以承受的風險可能不同，所以另一位投資理財專家Mr. David John Marotta設計了一個「釣魚組合」計算機，只要輸入你的歲數或期望股票比例，便可以有一個適合你的「釣魚組合」，例如35歲的投資者，根據該計算機得出以下的「釣魚組合」：

基金類別	%	基金類別	%
S&P500指數基金	12.9%	加拿大股票基金	3.9%
中型股基金	9.7%	美國綜合債券基金	7.1%
小型股基金	9.7%	新興市場政府債券基金	4.8%
香港股票基金	5.9%	新興市場股票基金	11.8%
新加坡股票基金	5.9%	能源基金	9.9%
澳洲股票基金	5.9%	房地產信託基金	6.6%
瑞士股票基金	5.9%	總數	100%

資料來源：http://www.marottaonmoney.com/marottas-2018-gone-fishing-portfolio-calculator/

但大家要注意這只是一個分散投資的例子，適合你的組合應該與這個「釣魚組合」有分別，原因包括大家市場不同，產品也不同；而且這是美國的建議，存在本土偏好的投資心理差異。

以上是一個以股票基金和債券基金為基本原素的組合，但很多人都用有儲蓄成份的人壽保險單作為中長線增值工具，假如加入了這種理財產品，對整體財富組合又有何影響呢？

我曾看過有關將人壽保險單的現金價值也加進投資組合中的研究文章，其中一個研究是由美國獨立投資研究及管理公司

晨星轄下全資擁有的投資顧問公司Ibbotson Associates進行，他們發現加了終身壽險的現金價值到組合之後，有機會令到組合有較高的預期回報的同時，而風險反而可以降低。

在那研究中，他們設定了兩個投資組合，一個是由固定入息和股票組成的混合資產組合Ａ，另一個是部份固定入息比例由終身壽險現金價值取代的混合資產組合Ｂ，兩個組合的股票比例維持一樣。研究發現，當終身壽險現金價值與總資產的比例增加到20%時，整個投資組合的預期回報增加了0.26%，而風險亦降低了0.45%。研究指出改善表現的原因包括稅務因素，額外保單紅利，保險公司的財政實力和管理保單資產方式。這個研究結果帶出了一個重點，便是當我們選擇投資工具時，並不能只向高回報看，以為高回報才能製造最大收益，事實是在組合中適當地加入一些平穩收益的工具，預期整體回報反而有機會更高及風險更低，這亦是分散投資的重要效果。

以下是利用效率前緣曲線表達增加了有現金價值的人壽保單到投資組合後的預期回報與風險的改變。效率前緣理論由諾貝爾經濟學得獎者Markowitz提出，投資一定考慮到風險

與回報，當投資者承受不同的風險時，在每一個風險點一定會有一個投資組合，可以達到最大投資回報率，理論指出將「當風險相同時，相對上可獲得最高之預期回報」或「當預期回報相同時，相對上風險最低」之投資組合組成的一條曲線，就是效率前緣曲線，即是在曲線上的投資組合理論上便是最佳組合，而有現金價值的人壽保單能夠令整條曲線向左移動，代表能夠降低風險及提升預期回報。

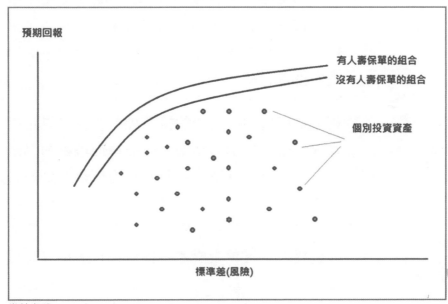

資料來源：NYLIFE Securities, LLC

3.3 平均成本法
(Dollar-Cost Averaging)

針對波幅較大的市場，透過平均成本法投資，能有效降低入市風險。在高位時買入較少單位，相反在低位時，以相同金額可買入較多單位，這方法亦能避開一般人慣性高追和不敢撈底的投資心理。

適合運用平均成本法的投資理財工具可以是股票或是股票類別的基金，而選擇的市場如果是股票，必需要選擇成交股數和金額都要足夠的股票，要確保多人會買賣，市場升的時候，多人會追，相反就算下跌時，亦有不少人有興趣低位買入，這類股票才有機會在長線投資時有

較高機會向上，但不是保證，始終單一股票的升跌受公司因素的影響亦很大。而另外分散投資在全球性的股票基金亦是一個適合選擇，始終不同時間，投資熱錢會流到全球不同地方，這方面可以依靠基金經理協助把握機會，但不代表不用管理。

分階段一筆過買入

另一種運用平均成本法的投資方法，便是分階段一筆過買入，但這種做法有機會被個人的心理因素影響買賣策略，較為適宜已經對投資掌握較好的人士，否則可能都是較適宜透過每月定額作投資。

平均成本法是協助你降低入市風險的策略，但並非一種篩選投資工具的技巧，怎樣的投資產品適合以平均成本法進行呢？通常投資產品存在較大價格波動及預期長線升值的便可以，不過前者是已發生的事情，後者是未來才知道，因此，很難在買入時便能確定將來能否升值。所以大家可能曾經聽說過，利用平均成本法買入股票或基金，期望能長遠增值，但經過了一段長時間後，可能都是沒有明顯收益。

在 2017 和 2018 年之前的十年，即 2007 至 2016 年，假若你透過平均成本法投資在香港或中國股票或基金，以每月定額方式投資，可能有很多人會埋怨，十年之後都原地踏步，但到 2017 年放棄後市場便大升。我亦聽過一些人從 2018 年 3 至 4 月左右開始以平均成本法投資個別香港股票，結果差不多一年過去，很多都是損了手，有些會離場，有些會暫停計劃。以上現象解釋了一個嚴重問題，便是不少人以為透過平均成本法投資，便代表不用管理，其實平均成本法分為兩部份，分別是入市策略和出市策略，所以需要學習分段入，及考慮如何分段沽出，第四課再談。

3.4　紀律
(Discipline)

很多人解釋投資表現不佳的原因是沒有時間管理，其實當你定下了一些投資策略的執行指示後，並不需要花很多時間，所以有紀律的投資是省時間而長期能創富的簡單策略，人人都可以做到。

美國福布斯(Forbes)財經雜誌曾經發表一篇由一位超過30年投資工作經驗的專家所撰寫的文章，他提及有紀律地投資需要有六大規條：

（1）　制定長期投資標準

所謂標準，是指你相信你能打敗市場，或是相信市場效率很高而難以賺取額外利潤。如果是

後者，便應設定賺取市場回報率為長期投資標準，有非常吸引的回報率的投資產品便需要放棄或只少部份持有。

（2） 根據長期投資標準而審慎地配置資產

所挑選的投資資產應該根據長期財務目標而配置，所以配置比例不應隨便改變。

（3） 可以考慮利用低收費基金作為配置資產類別

香港市場通常談及低收費基金的都是和強積金有關，一般較高管理資產的基金比較少用低收費作招徠，另一方面，在之前我亦提過，不要以為股票交易收費必然低過基金，原因是心理成本並未考慮，而且金額可以很高。

（4） 市場狀況不停改變，但長期投資組合不要跟隨市場而時常改變

當金融市場出現動盪而導致不同資產出現明顯波幅時，便需要再調整各類資產的比重，而人生階段改變時，資產類別的比重亦應按需要改變而改變。

（5） 不要因為短期市場變化而改變資產配置

很多時改變資產配置的原因正是受短期市場變化所影響，很大程度上是心理因素，當你在事前已經確認是長期投資安排，心理上已有定案，到表現不理想的問題發生時，便不會手忙腳亂及浪費時間留意短線波動。

（6） 當市場情況不明朗的時候，不要貿然改變想法而選擇新的投資項目

一般市場情況不明朗時，亦是現時投資組合蒙受損失的時間，有些人便會尋求改變，希望能短線追回失地及賺更多，但這對長期投資安排來說是另一種風險，有機會在低位沽出現有投資，再從高位撲進另一項投資，結果是摸底出，摸頂入，「左一巴掌、右一巴掌」！這也是欠缺紀律而導致的無謂成本。

Chapter 4

評估計劃
(Evaluation)

香港財政司司長在 2018 年 12 月舉辦的亞洲保險論壇中指出，全球經濟及政治環境不穩定，相信市場波動將會成為未來的「新常態」。其實「新常態」這個詞早在 2008 年全球金融海嘯之後便開始常被提及，反映了以往的常態已由新常態取代，而全球經濟及政治環境將會繼續出現新的「新常態」，很多以往的傳統投資觀念可能都要重新檢視。因此，我相信世上並沒有一勞永逸的投資理財方案。

如期望能有較理想的長線財富增值效果，適當的檢討策略不可少。

我建議大家可以利用以下的增長 (GROW) 問題模式來檢討投資理財組合是否合適：

G — Any change in Goals? (目標有否改變？)

R — Any regular Review? (有否定期檢討計劃？)

O — Are they investment Opportunities? (是否投資機會？)

W — Aware of Wealth effects? (有否留意財富效應？)

4.1 目標
有否改變(G)？

任何投資理財行動都應該以目標為本，所以要知道現時的投資理財計劃是否適當，首先不是檢視市場變化，應該是先檢視個人需要，如果需要沒有明顯改變，現時持有的投資理財組合便應該繼續。由目標轉變而導致理財計劃改變都包括主動或被動兩種。

當人生進入另一階段，便需要主動檢視現時的投資理財計劃是否適合，例如由單身到組織家庭，又或準備生兒育女，甚至創業或退休等等，當這類人生階段改變預計將會出現，亦代表投資理財目標需要檢討，當然當中的檢討不只是在投資理財方面。除此之外，一些被動的因素出現亦會令目標要改變，例如患病、工作

上出現改變或是身旁摯愛需要幫助，這些改變往往令原有的理財計劃整體要重新開始檢視，甚至放棄，這些主要是意料之外的事情，難以估計何時發生及衝擊有多嚴重，所以任何時候都要管好四桶金組合，包括是否有足夠的應急資金，個人風險管理是否已經做好，包括最基本的人壽、醫療和危疾保障等，之後便是因應需要穩定收益的時期而規劃現金流，最後是怎樣能夠令資產長遠增值等。假如目標「被」改變，不單止要檢討投資理財組合，亦應該注意心理因素，我在第七課的個案分享中，正好有一位案主便是因個人問題而改變了目標，結果令到整體理財計劃失控，甚至迷失了自己的需要，胡亂地一心只追求高回報，可想而知將來會出現甚麼問題。

如果讀者的人生理財計劃是從零開始，現時才開始設定投資理財目標，相信最容易運用的便是SMART法則。

S (Specific)
具體及清楚了解需要達到甚麼目標

M (Measurable)
有能夠量度計劃進展的方法或工具

A (Agreed)
和持分者，包括任何會受計劃影響的人，
主要是家人和工作合作伙伴等已有協議

R (Resourced)
資源上，例如儲蓄、儲備和收入確保能夠負擔

T (Time-based)
已設定投資期

4.2 有否定期 檢討(R)計劃?

檢討便是為了減低因為買多了、買貴了、買早了、賣遲了、賣平了等等投資買賣決定對人生長遠理財計劃的影響，大家看過後便會發現和第二課討論過的展望理論有關，這些都是與投資心理學有關連，所以檢討的作用亦包括管理自己的心魔。有效率的定期檢討嘗試將不理性的投資行為規範化，不會因隨機出現的市場因素令自己作出不必要的決策，沒有想清楚的決定通常都不是好決定。

從來未開始認真定期檢討投資理財組合的朋友，第一次肯定是一個很艱巨的工程，相信有些人會「剛開始、便停止」，之後便推說沒有

時間及不懂如何做，所以不做。我在iMoney智富雜誌的專欄已踏入12年，內容是與讀者面談及提供情理兼備的人生理財大計，每次與讀者見面前，我都要求他們預先準備好個人財政狀況，否則不會面見。這是一個很好的過程，有不少讀者在見面時都向我反映，因為要見面，所以認真整理一次自己的財政狀況資料，在整理過程中已初步明白自己財政上的問題，所以未見面已經有改善。當然這亦反映了很多人心裡努力，但行動上懶惰，並未有認真檢討自己的理財計劃，直至已面對很差狀況時才想補救方法，到時已是太遲。

我習慣在每月的最後一天檢討整體財富狀況，當中包括所有持有的投資資產及銀行存款。有時遇上非常繁忙的月份，都保持最少三個月檢討一次。需要做的是將不同戶口的資產的數值輸入到Excel中，以下是其中一頁讓大家參考，透過這過程你才知道究竟整體財富狀況是增加還是減少，改變是來自甚麼資產，發現有明顯變化的資產便再仔細了解是否需要調動，不論是大升或大跌都要了解。

需要多少時間完成呢？如果賬戶愈多，當然需要時間愈多，以我的情況來說，我有股票，有基金，有個人和公司戶口，還有強積金戶口，還要照顧家庭其他成員的賬戶，每月需要輸入的表格共十多張，如果能夠專心進行，三小時內便能夠完成，當你開始了第一次，每月只是重複動作，熟練後用的時間應會減少。平均每個月有730小時，只是用去0.4%的時間，便能夠知道100%的財政狀況，是否值得，便要看你想有多了解及控制自己的未來了。

Monthly Financial Statement (2018)						
31-Dec-18					銀行存款	
資產	HK$	%	債務	HK$		
銀行存款			按揭		Account 1	
投資組合					Account 2	
應收賬					Account 3	
			Net Worth	$0.00	Sub-Total	$0.00
			M-o-M % Change	X%		
	$0.00					
投資組合	HK$		退休金			
基金						
月供投資計劃						
股票戶口						
理財賬戶						
Total	$0.00		Total	$0.00		
			M-o-M % Change	Y%		

4.3 是否
投資機會(口)？

沒有人是為了輸錢而投資的！但因為過度追求回報而選擇忽略風險，結果便成了輸家。

風險和回報永遠是投資決策中最基本需要考慮的問題。在第一課「選擇投資工具」，已經討論了不要太多選擇，但就算只計香港上市公司的股票，有超過2,300隻，獲證監會認可的單位信託及互惠基金也超過2,000隻，以這海量計，任何時間，總有些特別吸引的機會出現，那又如何選擇呢？我不會貪新鮮，因清楚希望投資是能夠幫助增加財富，不是增加煩惱，亦明白期望每次投資都能賺錢是不切實際，不如專注在一些較熟悉的選擇，或是依賴專家。

我的做法很簡單，股票只會投資約20隻，主要是為人熟悉的指數成份股，及需要有不俗成交量的股票，亦有不多於三隻是「有斷估、無痛苦」的選擇，但相對佔比例不多，而其他主要股票佔總股票投資額不會多於10%。買入時一般採取分三注形式買入，原因是相信自己「不會」做到摸底價買入，但按指標分三次買便可以降低平均買入價，而最容易參考的指標便是恒生指數，相信不少讀者都聽過我所說的恒指2,000點買賣策略，詳細概念及做法可參考《四桶金富足退休指南》第七課，亦可以收看我在youtube有關管理強積金的訪問，在此不重複了。

訪問連結：https://www.youtube.com/watch?v=64CV9qt2A6U

至於投資基金，我會依賴晨星亞洲的分析，這部份大家可以閱讀第六課專家的分享。

除了股票和基金，我亦持有儲蓄型保險，持有這類產品的原因首要不是追求高回報，而是追求穩定收益，是屬於四桶金組合之中的第三桶金，因為由保險公司的投資部負責及受很嚴格的規管，所以是不用多費神的部份，亦不存在選擇投資時間的疑問，反而應該愈早開始愈好，原因是這類產品提供穩定收益的同時，投資者需要的取捨是要付出更長時間，如時間足夠才能夠有效發揮複式效應的效果。

至於近年開始多了投資者留意的是保險公司發行的年金產品，選擇時要對症下藥。就算決定了在組合中加進年金為一部份，都要明白如何選擇適合個人需要的年金或派息保單。美國一位年金專家Mr. Stan Haithcock提出一套適當運用年金的策略，名為「PILL」，是由四個英文字的第一個字母組成，有人稱財務策劃師為理財醫生，我認為下列的四個建議就像醫生對客戶要對症下藥一樣。

P = 保障本金 (Principal Protection)

不少年金產品的設計都包括本金保障，就像政府推出的公共年金，投保人最少可收回本金的105%，但不同公司出產的年金產品各具特色，可以先留意是否會有本金保障。

I = 終身收入 (Income for life)

年金的最原始用途便是在指定時間開始提供終身入息，但當支付期愈長，能收到的定期入息便愈低，所以提供終身入息的取捨是要降低持續收益的金額，所以有部分產品設計是有支付期限的，更充裕的資金在有需要時可以運用。

L = 遺產安排 (Legacy)

最簡單實際的財富承傳工具必然是人壽保險保單，但有些人可能因年紀大及身體狀況問題而不能符合核保要求而未能購買這類人壽保單，而一般年金核保時是不用考慮早逝及醫療風險的，所以能很簡單便通過核保要求，但同樣能發揮按意

願分配遺產的功能，只要投保人在購買時設定未來受益人的
收益分配方式，便能夠發揮遺產承傳的功能。

L = 長期護理 (Long Term Care)

由於購買年金產品相比長期護理保險產品較容易通過核保，
所以憂慮將來需要接受長期護理的人士亦可以透過年金產品
而得到日常照顧生活需要的資金，能夠按期望的長期護理需
要而製造現金流。

以上四項稱為 PILL 的選擇年金重點，並沒有包括任何增長概
念，原因是年金特性實際是保證回報，平衡風險和持續收益，
所以不要想歪了而失去為自己提供最理想財務規劃安排的機會。

4.4 有否留意 財富效應(W)？

一般人的財富來源主要是工作收入和資產增值，不論中國人或香港人，最喜歡的投資資產應該都是物業，而股票和基金等金融資產及保險相關投資也是緊隨之後，當這些資產因市場狀況而升值時，財富便會增加，並帶來下列四方面的影響：

一）消費信心增加，可能會增加借貸和承擔更高風險，所以當財富增值時，儲蓄比率相反會下降。

二）當物業升值時，借貸人士會加按而提取資金，增加購買能力。

三) 當財富增加，入息亦有機會增加，原因是有更多資金可用作投資，賺取利息，租金和股息等等。

四) 假如物業價格升高，可提供借貸服務的金融機構會更「鬆手」，接受以物業為抵押品的借貸。

我提出這項評估投資計劃的因素，是希望提醒大家當投資表現理想的時候，根據財富效應概念，一般人會較容易將賺取到的收益用作沒有金錢回報的消費，而沒有為未來而儲起來。

除此之外，當樓價升值，因更容易借貸，所以出現了「成功靠父幹」的現象，很多已經清還物業按揭借款的父母會將手上物業加按，套現資金作為子女的買樓首期，美其名是借款，但根據花旗銀行委託香港大學社會科學研究中心進行的＜2018年第四季市民置業意向調查＞發現，56%的「父幹一族」沒有償還首期予父母或祖父母，而部分償還及全部償還則分別佔21%及22%。

當物業持續升值，財富數值會繼續增加，就算要還款給銀行都感覺沒有問題，可能還會慶幸有能力買多更多物業。但相反當物業價格向下調整，損失亦因為持有多於一個自住物業

而倍大，變相負財富效應會進一步增加，導致消費信心明顯下降，消費大幅減少而導致經濟可能出現衰退。到時其他資產亦可能被波及，假如沒有準備好第一桶和第二桶金，生活週轉出現問題，其他投資計劃又被迫套現應付生活費，減值循環便會出現而令投資「傷上加傷」。

所以這章節的重點是提醒大家當市場向好的時候，慎防受財富效應影響而將資金用在沒有回報的日常消費，甚至乎借貸消費，到市場走下坡時或向下調的時間，不單止財富效應消失，亦因為借貸增加而令到儲蓄減少，甚至乎因周轉不靈而需要套現作生活費，所以必需要懂得傳統文化所說的「好天收埋落雨柴」，不論升跌市，都要做好投資計劃評估。

以上是評估個人投資的簡單道理及法則，相信大家都已聽過不少，但對你的挑戰是能否行動、堅持及檢討。而且，如果從開始已經有一個考慮週詳的投資計劃，估計過萬一表現不理想時的損失能否承擔，到真正執行時便可以減少評估表現時的不安及不愉快，才可增加最終投資勝算。最後亦要切記投資組合需要同時持有第三桶和第四桶金，才能有效應付未來不同時候的資金需要。

Chapter 5

分派收益
(Distribution of Benefits)

為甚麼要投資理財？如果你認為投資的原因是要賺錢，只是答對部份，投資只是過程，有目標的投資能夠為財富有效增值，最終是為未來不同人生階段的支出需要而分配財富，如果只是盲目上車而不懂下車，幸運的可能只是打回原形，享受了過程而沒有結果，比較差的狀況是由贏變輸。

因此投資的終極原因是為了需要時候有錢可用，所以不同的投資理財計劃都應該和用錢有關，分別可能是今天用錢，將來不同人生階段用錢，用別人的錢(例如透過安排保險保障而將一些未來必需付出的支出轉移給保險公司)，還有是給誰人用錢(例如透過一些傳承規劃將資金安排給後人運用)。

所以在選擇投資工具之前，先要確定在甚麼時間有資金需要，要先考慮你有甚麼用錢計劃，這便是這課主要討論的重點，即如何透過不同投資計劃達到期望分派收益的安排。

以下是一幅人生階段財富規劃圖，一般人都會經歷這四個人生階段，而每個階段需要配置的資產和比例也有分別，我會和大家逐一討論。

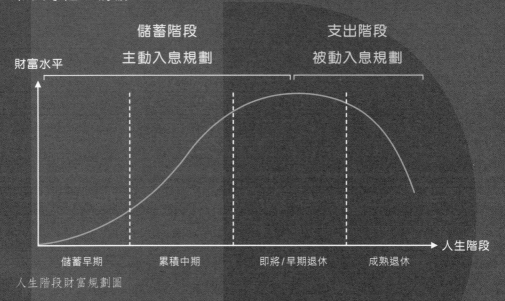

人生階段財富規劃圖

5.1 儲蓄早期

在儲蓄早期階段，通常指由有經濟能力開始到30多歲，剛剛開始建立財務基礎，但亦較多想法，「心思思」期望能夠以小博大的心態較為強烈，而支出規劃方面，這個階段比較偏向中、短線，主要是消費為主，亦有可能為提升人力資本而進修，但長線理財觀念薄弱，而最喜愛的投資工具可以兩極化，視乎過去的投資經歷。

未有體驗過嚴重經濟或金融危機階段的人，偏向於較樂觀，投資心態較進取，期望選擇靈活性及回報都高的工具，有時投資股票都嫌慢，主力投資衍生工具，我在1997至1999年時

還年青，以為讀了一些教人投資的書便懂投資，最初因大市上升而有買便會賺，所以賺了不少，投資態度變得更進取，更借錢投資及買入不少消息股及衍生權證，結果當然是「輸凸」！幸好有朋友借錢周轉及能夠找到穩定工作，有能力還債，但亦要到2003年才還清，白白浪費了六年累積財富時間，所以我認為這階段的最大風險是「貪勝不知輸，輸了不肯認」，我認為任何環境及市況都不應「博到盡」，因曾經中伏，我個人不考慮投資衍生工具，要參與的話便交由基金經理處理。

另一極端便是像我 20 年前一樣遭逢劫難的一群，雖然年輕，但可能已經經歷過 2008 年、2011 年、2015 年或 2018 年的金融市場動盪並蒙受很大的投資損失，這一群有機會偏向於保守投資，例如大比例的資金是銀行存款。但過多現金亦是風險，因長線必然跑輸通脹，而到時才確認已經浪費了最大的時間資源。

這個階段的人，資金一般不多，最大優勢是有時間，所以資金應分四份，即四桶金，第一和第二桶金不在此重複，要溫習可再閱讀「前言」，而第三桶金的投資工具應該要以中、長期為主，因到時才有需要穩定收益，例如退休入息或孩子大學教育基金需要，因還年青，可以將少於一半可投資的資金配置在中、長期能製造平穩收益的產品，可考慮儲蓄型保險或混合資產基金等，平穩收益的資產可以一筆過買入，能充分發揮複式效應；而第四桶金方面，需要格外留心因為過度進取而承擔了過多風險，而較進取的投資一般都是股票類資產，投資策略可以是分段以定期定額方式買入，發揮平均成本效應。

5.2 　累積中期

　　根據美國的一個研究所得，人到中年，你的入息與預期未來財富多少有很高的相關性(見下頁圖)，如果能夠有理想收入，及有節制的消費，財富增值的速度便會加快。所以這是一個必須謹慎管理財富的階段，管理得好的話，對未來能夠滾存更多財富有很大的幫助。

　　在這階段，因職位和經驗的關係，透過工作獲取的入息較豐厚，即主動入息，但同時亦進入了事業有暗湧的階段，因人工和職位不低，年紀也不輕，當公司出現經營困難或要提升效益，可能會選擇這一類員工開刀，所以需要盡早開始利用主動入息製造被動入息，而收入高

及對未來工作前景樂觀的人一般亦享受消費，未必有紀律地儲蓄，所以不論你對公司及個人的信心有多大，都應該客觀地計劃，減少未來沒有足夠財富面對退休生活的風險。

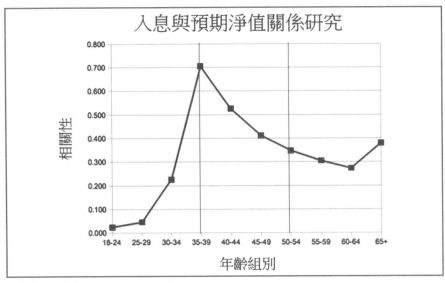

資料來源：個人理財網站 "DQ YDJ"

這段時間，如仍有不少家庭責任的人，投資更不能過於進取，首先需要保存足額的應急錢及與安排好與責任有關的人壽保障，除此之外必須要有全面的醫療及危疾保障。下一步

便是為退休需要的穩定收益規劃，有高收入的亦應該有高儲蓄比率，按預計還有多久退休而設定儲蓄計劃的年期。

如果仍然身處在累積中期的早段時間，以年齡分類約在40歲左右，應還有較長累積期才到退休，但如果要應付孩子大學教育需要的穩定收益便可能在十年內出現，所以選擇的穩定收益工具便會是一個具備中期至長期提供收益特性的產品，可以是五至十年內便提供收益的儲蓄保險，而未用的派發收益可以繼續滾存生息，直到退休時運用；亦可以是一個派息基金加上可派息儲蓄保險的組合。

如果是在累積中期的後期，八至十年內便退休，因為距離退休時間相對縮短，穩定退休入息將較快需要出現，所以需要較高靈活性，除了以上的組合外，這段時間亦可以考慮一些能夠較早有派息收益的產品，例如年金和派息基金等。至於第四桶金的投資選擇，除了是股票類資產以外，如資金充裕，房產投資都可以是一個適當的考慮，但有不少因素需要留意，包括借貸利息負擔和入息穩定性等，這留待下節再談。

5.3 即將 / 早期退休

這是在退休前或退休後 3 至 5 年的時期。到這個階段，能夠賺取主動入息的時間已不多，如果累積儲備未能達到期望，便是時候要檢討如何調節預期支出。退休的支出離不開三大類，分別是基本生活費、消閑娛樂費和醫療保健費，檢討時應該逐項考慮安排是否恰當。

基本生活費可透過保證收益的年金類產品提供，醫療保健費的主要支出應該是一份全面醫療保障保單的保費，估計由約 60 歲到 85 歲，總保費支出大概需要一百萬，這部份可以透過投資派息基金或股票的組合所派發的每年股息或利息用作繳交，由於保費會隨受保年齡增

加而調升，所以在較早時的保費較低，而派發的利息收益有
餘，應該再投資在同一組合中，到將來保費逐步增加時，因
本金亦增加了而可以派發較多利息，但亦預計隨著保費持續
增加而需要沽售部份本金用作支付保費，這種安排的另一好
處是可彈性地套現及為未來需要而保存其餘資金繼續投資。
另外剩餘的資金便應該用作長線投資，抵銷通脹對未來基本
生活支出的影響。

而另外需要做好規劃的還有心理和社交健康，目標要成為積
極、活躍地生活的銀髮族。

5.4　成熟退休

到了「人生70不稀奇」的階段，身體狀況開始「年紀大，機器壞」，所以以上提及的三種支出的次序可能最多是醫療保健費，其次是基本生活費和最少是消閑娛樂費，所以維持一份全面醫療保障計劃亦是這階段的重中之重，但不是這階段才安排，因一般已不接受投保，所以應該之前健康時要安排好，現在更加不能取消。

整體的投資理財組合應該和以上的相差無幾，但第一桶和第三桶金則需要較多，因有機會牽涉要專人長期照顧的支出，而其他需要考慮的問題是要安排適當的文件。

根據《持久授權書條例》(香港法例第501章)，持久授權書是一份法律文件，容許授權人(即打算將其權力授予其他人的人)在精神上有能力行事時，委任受權人，以便在授權人日後變為精神上無行為能力時，受權人可照顧其財務事項。詳情可參考 https://www.doj.gov.hk/chi/epa/index.html。

另外律政司於2017年12月發表了《持續授權書條例草案》(《條例草案》)諮詢文件。根據《報告書》，律政司建議制定新的《持續授權書條例》，以新設的持續授權書制度，取代現行的持久授權書機制。根據新的《持續授權書條例》，授權人如非精神上無能力行事，可藉作出持續授權，賦予承權人權限就授權人的財務及個人照護事宜代授權人行事。我寫這本書時條例仍未落實。

還有便是要安排遺囑，今世花不掉的財富，不要變成後世的爭源。如果要為後人提供財政支援，但預計未來應付自己退休生活費之後，可能已所餘無幾，便要在年輕時安排適當的人壽保單，到將來百年歸老後可以有大額金錢供後人運用。

在這階段，可承受的投資風險不能高，重點應以滿足基本生活需要為主，所以年金應是首選，另外可將自住物業透過申請安老按揭來提供保證入息。

我在《四桶金 富足退休指南》一書中，有較詳盡的討論退休現金流的規劃，有興趣多了解的讀者可閱讀《四桶金 富足退休指南》的第七和第八課。

5.5 配置派發收益產品

從用錢角度考慮投資，需要注意的主要因素是收益的穩定性和持續性，我在此再引用「第一課：選擇投資工具」的投資理財產品比較圖，讓大家一目了然，清楚上面兩項在不同投資產品的特性。

而以下章節我會進一步討論投資保險，基金和房產的考慮因素，只集中這幾類產品的原因是它們較多分類，需要更詳細了解。

	定存	保險	債券	基金	股票	房產
被動入息	低	中	中	中至高	低至高	低
保證收益	有	有	沒有	沒有	沒有	沒有
價格波動	沒有	沒有	中	中至高	極高	極高
部份提取	可以	可以	可以	可以	可以	不可以
長期增值	可以	可以	視乎投資環境及買賣時間			
收益期	終身	可終身	有期限	浮動		

RICH DAD「富爸爸」投資房產考慮

香港人鍾情於投資物業，全世界都不放過，我對物業的想法首要一定是為居住需要而買，如果改變為一種投資選擇，風險將會以槓桿式增加，所以在此要加強提醒大家要量力而為。

我在2011年至2018年擔任香港財務策劃師學會董事，亦曾任教育發展委員會主席，知道他們有一個幫助增進財務策劃師對投資物業的知識的專業課程，我參考了教材及稍作改動而提出這個較有趣味的標題：RICH DAD「富爸爸」投資房產考慮，希望給大家更全面的了解投資物業要注意的事

項，在此不會每項詳述，留待下次談家庭理財時再解釋物業在家庭的用途及配置考慮。

1. Rental yield 租金收益率
2. Interest rates 借貸利息
3. Currency 匯價影響
4. Housing policy 房屋政策
5. Demographics 人口結構
6. Affordability 家庭及個人負擔能力
7. Distribution 應佔財富組合比例

下列圖表取材自美國一個財經網站的專家分析，內容是物業在不同年齡在財富組合中應佔比例的建議。它利用一般人、開始工作五年便置業的人及有自信可自己掌控未來的人分類，他將自住物業都計算在內，但我認為自住物業不可看待成一種投資選擇作資產配置，因有實際需要，如有超過一個物業才是投資。但無論如何，重點是不論你是甚麼類別的人，都不應該過分集中資金在一類資產，根據建議，年紀

愈大，物業佔的總體比例應該愈小，這正如我所提倡的四桶金組合概念，投資物業所能製造的穩定收益根本不吸引，只是一種長遠追求高增值的安排，但對於退休或準退休人士來說，穩定收益是財富組合中最重要的成份，所以反而物業比例要下降。無論你對投資房產有多大信心，始終市場不是你我能控制，不要過分集中，令自己面對不知如何處理的困境。

年齡	工作年資	一般人狀況	早買樓狀況	高自信狀況
		物業佔總財富比例		
23	1	0%	0%	0%
27	5	0%	40%	45%
30	8	40%	35%	45%
33	11	35%	30%	35%
35	13	25%	30%	35%
40	18	25%	25%	30%
45	23	30%	25%	30%
50	28	30%	25%	30%
55	33	30%	25%	25%
60	38	30%	20%	20%
65	43	30%	20%	20%
70+	48+	30%	20%	20%

資料來源：www.financialsamurai.com

派息基金

基金分類五花八門，而最主要可以分為派息或累積單位類別，在第六課專家分享會有更詳細討論長期增值類別的選擇，這裡我會多說派息基金。

這類產品開始受歡迎時間應該是2008年金融海嘯之後，而近年有些保險公司亦將這類產品加進投資相連保單平台中，令產品靈活性更高及基金轉換費降低。考慮將這類產品配置在組合時，必需要明白它的角色不是提供保證收益，相反是提供不保證，但靈活性高的收益，所以不同類型的派息基金(例如債券基金及混合資產基金)可以派發的收益率都有差異。

當配置派息基金在財富組合時，主要考慮是如何運用可派發非保證的收益在日常支出上，一些較彈性的支出可透過這類產品的收益支付，例如消閒娛樂費，基本上，必須花的支出，才必需有保證的收益應付，例如基本生活費，其他支出都能夠透過這類產品安排，有些必需支付但會有變動的支出，例如個人醫療保險保費，只要是以組合形式持有不同派發收益產品及妥善準備第一桶金，這類產品亦可以包括在組合中。

另一考慮是否運用這類產品的因素，是何時開始需要有持續收益，如果還有一段長時間才需要，但選擇了派發收益，每月收到的金額很大機會不能夠適當地運用，可能無謂地花掉了或閒置在銀行活期戶口，浪費了製造更多回報的機會，因此對較年輕人士來說，可能選擇累積單位作長遠增值的基金更適合，又或是選擇一些可以保存生息而不一定要派發收益的可派發收益的儲蓄保險產品。

可派發收益儲蓄保險

運用可派發收益儲蓄保險時需要注意兩項重點：

（一） 一般這類產品都會包括保證和非保證兩部份，相比兩張同樣保費的可派發收益儲蓄保險保單，如果產品設計的保證收益成份較高，代表來自非保證的潛在收益較低，因不同收益是來自保險公司不同的投資資產，由於兩類保單的保證收益比重不同，因此長遠計算，以預期累積金額比較亦一定有分別，所以不能以到未來某年兩張保單預期能夠累積多少金額而決定哪一張比較優勝。

（二）　這類產品能夠有效用作傳承安排，今天的產品設計已經跨越世代，隨時是由祖父投保而到孫兒也能受惠，相對可以滾存和派發收益時間可以更長。但當可以收取收益的時間延長了，在同樣的保費支出下，代表每期能夠收到的收益亦相對有機會減少，而未來收取收益的時間距離現在愈長，能收取的收益金額亦有機會愈高，所以我時常強調購買儲蓄類保險產品一定是愈早開始愈好。

這類產品累積到一定時間後，可以收到的金額一定比已繳交的保費總額多，不會存在虧損的問題，但有多少便要看儲蓄期有多長，時間愈長必然愈能夠發揮複式效應的效果。

不同保險公司設計產品時的考慮都有分別，有些會容許較短供款期和累積期便開始派發收益及收益期亦可選擇，所以產品並非針對性為退休而設，但在所有提及的派發收益產品中，一般只有儲蓄保險類和年金類產品能提供保證收益，所以對要求安心的退休和準退休人士來說，財富組合中不能沒有這類產品，佔整體財富比例多少由他們想得到的確定收益決定。至於其他人生階段的人，可以按個人未來不同時間需要的金額而決定投保保費及供款期和累積期。

年金在退休財富組合的比例

當決定了將年金配置在財富組合中，要考慮的兩個問題是甚麼時候購買和應該佔整體可運用資金的比例。

我強調年金的角色是為提供穩定入息而安排，所以甚麼時候購買視乎距離需要穩定入息的時間還有多久，而這不一定是現時年齡距離退休年齡的年期，要考慮的是何時才需要動用年金製造收入，可以是退休年齡前或退休一段時間後。因此大家不可以只單純考慮一種方案，需要按未來不同階段資金

需要而利用不同資產，運用這些資產的次序和提供的收益穩
定性亦需要配合，當中牽涉到現金流規劃和年金以外的理財
工具，例如按個人喜好而靈活派發收益的保險產品，債券，
派息基金和股票等。

假如今天便退休，需要利用年金類產品製造穩定入息，這部
份應佔可運用資金的比例多少呢？大家應沒有忘記計算這比
例前，應該要先準備第一和第二桶金吧！

我現在和大家介紹由美國退休規劃專家Darrow Kirkpatrick
所提出的算式。在整個計算中，需要假設三個比率，分別是
準退休人士現時財富組合中，每年需要提取資金作生活費的

金額佔整體組合的比率，例如所有可運用的財富組合有500萬，而每年生活費要用25萬，這個「生活費提出率」(LWR)便是5%(=25萬/500萬)。

第二個比率是透過年金產品所提供的「保證年金收益率」(GWR)，等於每年年金產品能提供的保證收益除以購買年金的保費，以政府年金為例，65歲男士的「保證年金收益率」為6.96%，同齡女士的「保證年金收益率」為6.36%，不同保險公司提供的產品有不同的「保證年金收益率」，延期年金的收益率有機會更高，亦要注意不同產品的保證和非保證成份都不一定相同，我以一個較保守的「保證年金收益率」作下列計算，假設為6%。

除了年金產品之外，計算中假設其他的資產將會配置在風險水平較高的理財工具，因此資產價格波動有機會較大，所以預期從風險組合中獲得的收益率相對「保證年金收益率」為低，但組合長遠有機會資本增值。由於風險組合面對風險較高，所以預期長線回報亦應有機會較高，假如從這組合中提取資本作為日常收入過高，面對金融市場動蕩時，有機會為了維持提取所需生活費而令資本萎縮速度較預期快，結果到

將來金融市場調整完畢而再度上升時，風險組合可能已因之前的持續提取而導致沒有多少資產能夠保存，亦即是不能夠因市場上升而組合價值上升。

所以針對風險組合，需要設定一個「可持續收益率」(SWR)，舉例3%，就算金融市場有一段短至中期的整固或向下調整，從風險組合中按照「可持續收益率」提取入息，亦不會導致組合價值有明顯減值及能把握長遠金融市場再上升時的升幅。

而年金佔總可運用資金的比例 ＝

$$\frac{(「生活費提出率」(LWR)-「可持續收益率」(SWR))}{(「保證年金收益率」(GWR)-「可持續收益率」(SWR))}$$

假設退休時可運用資產 ＝ 500萬

「生活費提出率」=5%(即每年生活費是25萬)

「可持續收益率」＝ 3%

「保證年金收益率」= 6%

根據公式，年金應佔組合比例 =（LWR-SWR）/（GWR-SWR）

=（5%-3%）/（6%-3%）= 2/3，即是333.3萬元，而風險組合的比例是1/3，即166.7萬元。

套用這些金額到算式，

333.3萬元 X 6% + 166.7萬元 X 3% = 25萬元，這正是開始時提到一年所需的退休入息。

相信針對退休入息規劃有很多不同方法，而這個方法的好處是簡單易用，透過將資金配置在具備不同收益確定性及風險的資產中，可以透過分散風險，降低憂慮，期望能製造平穩的退休入息。

當然年金產品只是其中一種能製造平穩收益的工具，其他可派息儲蓄保險產品特性相近，大家亦可以嘗試代入以上公式來估

算穩定收益工具應佔的資產配置比例，多一個參考指標。另一方面，因環境轉變及計算是基於一些假設而出現，所以我強調無論任何理財方案，都不會是一勞永逸的，切記要有檢討計劃，長遠才能增加達到期望目標的機會。

Chapter 6

專家經驗之談

投資理財各師各法，沒有任何必然成功的策略，但多聽取擁有實戰經驗的專家分享，對自己的實踐一定有幫助。今次我邀請了幾位重量級的朋友來幫忙，為大家增值，他們在行業的年資總數加起來超過100年，相信讀者細閱每篇文章之後，必定能夠從中獲益良多。

以下是我和幾位專家認識的簡介及他們分享的重點。

梁國光先生(Pius) 是一名專業的培訓師，尤其針對前線工作人員的客戶溝通技巧，而近年他開始專注研究退休心理學的發展，所以今次邀請他與大家分享在退休規劃上，應如何在金錢、健康、心理，關係和個人角色等等各方面作不同考慮，他在文中提到的15條問題能夠有效啟發大家了解面對退休時，自己有甚麼需要，今天理財規劃行業已不需要罐頭式的建議，需要的是怎樣從客戶需要出發的顧問服務。

陳家強先生(Jimmy) 與我認識了接近四分一個世紀，當時一起從事投資顧問工作，而過去這十多年，他主要工作都是遊走中、港兩地，與金融服務業人員分享財富管理知識及見

聞。他的文章就像是國內財富管理業發展的一本歷史書，一個新興市場由冒起，到整固及成熟發展需要時間，透過他的文章，大家可以作為一個借鑒，減少錯失的機會。

剛認識**顏偉華先生 (Franco)** 時，我女兒還未出生，但今天已準備升讀大學，可想而知是多久的事情。很高興今次他和他的團隊能夠從基金公司的專業角度和大家分享基金經理的日常工作和投資考慮，很多事情「唔講你唔知」，不管你是投資初哥或者專業投資者，這篇文章亦都總會有啟發，透過這篇文章，亦可以明白「專業」不是只憑口講，背後還有很多事情要做的。希望文章能令大家明白我們每天事無大小都要做決定，而針對投資，怎樣做才能減少個人失誤，長遠幫助達到人生目標。

劉智峯先生 (Daniel) 是投資界的高手，他的工作是協助以千計的金融服務從業員了解如何聰明地投資基金，由於工作需要，我看過數十位投資專家分享市場形勢及策略，Daniel 是少數能將「火星文」一般的投資數據及分析以輕鬆易明的方式表達出來。透過他的文章分享，大家會明白甚麼是選擇比努力重要，及如何透過一些中肯的分析工具協助做好長線投資規劃。

細味文章，你會發現首兩篇文章是想大家從心出發，認清理財規劃時一些我們會出現的想法，而之後兩篇文章是有關怎樣有系統地投資。

梁國光 (Pius) 在金融服務業工作超過二十年，六年前由一上市金融機構的培訓與發展部的主管轉變成為獨立培訓顧問。他專業教授管理及軟性技巧包括：溝通技巧、行為學、領導技巧及建立團隊工作坊活動。在招聘及挑選工作坊，人壽及醫療保險，及退休心態培訓方面亦擁有資深的經驗。

Pius 擁有的專業資格及學歷包括美國 Retirement Options Certified Coach，Everything DiSC® 國際認可教練，美國壽險理財院士 (LUCTF) 合格培訓導師及英國萊斯特大學 (University of Leicester) 培訓及人事管理碩士學位。

他同時為【黑暗中對話】及【對話體驗 • 無聲】、香港財務策劃師學會、香港銀行學會、基督教香港信義會社會服務部、Haac Limited 及 CSG Consultancy 之導師。

6.1 「退休」不是結局，而是新的開始

當提到退休的問題時，以下是否你的「標準答案」呢？

問：　有否計劃過退休？

答：　有。

問：　打算何時退休？

答：　當然愈早愈好，不過⋯⋯

問：　計劃需要多少錢作退休？

答：　愈多愈好。

問：　退休後會做甚麼？

答：　旅遊嘆世界。

問：　去多久？

答：　愈長愈好。

問：　之後又有否其他安排？

答：　……（沉默）

愈早愈好、愈多愈好，愈長愈好，是否就代表真正安排好了
你的退休計劃呢？

退休新景象

僅在美國，每天就有超過 10,000 人退休！在加拿大，這個
數字超過 1,000；兩地同時面對數字驚人激增的趨勢。出現
這個現象的主要原因是因為人類的壽命不斷延長。在過去的
90 年裡，西方人士的壽命已經增加了 30 年！退休大軍的不
斷增長已成為全球不可爭議的社會現象。一般退休人士將要
面對 20 至 30 年的退休生活，這個都要比任何人生階段更長！
然而，任何一個社會都不應將退休大軍看成負擔，相反社會

需要意識如何將新一代的退休人士的經驗和智慧，在經濟和社會方面創造附加價值，並協助他們尋找方法回饋社會。

在香港，根據政府統計署2017年10月期號《香港統計月刊》資料顯示，2016年時17%的人口是65歲或以上；而預計到2036年時，每3個人之中就有一個是65歲或以上。可惜上一代的退休人士並無法享受退休生活。香港雖然是一個繁華的城市，但我們很容易發現一些長者在公園內無所事事、在街上流連，甚至有些為了糊口而繼續從事一些基層工作。出現這些情況，很大的原因是上一代的人甚少或從來沒有為基本的退休生活作出計劃。

雖然有人會認為金錢是一個很重要的元素，但即使是有足夠的退休資金，又是否代表可以享受到優質的退休生活呢？正如開首提及，很多退休人士在退休後會首先去旅遊享受一下，但卻沒有考慮之後的二三十年的生活。

在西方，提早退休成為了新的趨勢（平均的首次退休年齡約57歲）。大多數人的退休時間都是由公司或社會制度決定。由於退休後沒有別的工作選擇，很多時退休人士的工作及社會經驗和成就，在退休一刻就仿佛被逼停下來。所以要是能夠一早為退休作預備規劃，退休人士就可望將一切延續，享受優質退休新生活。

要享受優質退休新生活，你所需要做的只是一個有系統的退休規劃！

"The 'new retirement' is not an ending, it's a new beginning, the start of a new life journey of vastly expanded proportion."

- Richard P. Johnson, Ph.D.

"「新退休」不是一個結局，而是一個新的開始，一個能為你帶來大幅擴闊視野的新生命旅程。"

退休生活：舊 Vs 新

舊有的退休模式令退休人士感覺漫無目的，同時又因為對事情感到無能為力和要依賴他人而喪失了自我，因此舊退休生活孕育出很多負能量，例如不接受現實生活、自我麻醉、不妥協、不斷批評和變得被動等，最重要的是這一切為退休人士帶來多方面的心理壓力和破壞了他們的人際關係。

相反優質退休新生活推翻了這種舊退休的生活態度。退休人士為了豐富退休生活，會自我提升健康、轉型甚至去創造，因而增加了人際溝通、凝聚力和新鮮感，從積極的參與而擁有教導他人的態度，提升自尊心。在優質退休新生活中，你就好像處於飛機駕駛員的位置，完全主宰自己的路向，創造以成長為中心的生活方式，融合財務、社會、人際關係、家庭、休閒、生命意義和重新追尋真正的夢想，你同時可以擁有自由加入或退出任何工作項目、興趣、教育、活動或其他事務。

無可否認，退休的定義正在不斷改變。假如你希望擁有全新的你，由這刻開始必須重整對退休的思維，重新計劃你的優質退休新生活。

舊退休生活	優質退休新生活
感覺漫無目的的忙碌、喪失了自我、對所有事情都感到無能為力和要依賴他人	豐富了退休生活、自我提升健康的體魄、轉型和創造性的擁有力
不接受現實生活、自我麻醉、不妥協、不斷批評和變得被動	擁有健康的體魄、教導他人的態度和積極的參與，提升個人自尊
多方面的心理壓力和破壞了人際關係	增加了溝通、凝聚力和新鮮感

舊的退休生活讓你感到沮喪，而優質退休新生活讓你擁有重生的感覺！

如何轉變退休生活

當然並非所有退休或正在計劃退休的人士有著同樣的想法，亦非所有人需要去追求優質退休新生活。假如你認為傳統退

休生活是適合，當然沒有必要追求新的方式。很多生活在舊退休模式的人，雖然表面上看來很安定和很滿足，但事實上他們將要面對健康轉差、走向依賴及被動的風險，最後令他們感到沮喪、渺小及失去對事物的興趣。

退休或計劃退休的人士，要規劃的優質退休新生活，應以下列四部曲作基礎，並不斷循環不息：

1. 探索

2. 掌握

3. 主導

4. 更新

優質退休新生活的思維是退休人士重視生活對退休的意義，令自己輕鬆地獲得個人的滿足，享受平衡的休閒生活，從樂趣當中實現長久以來的夢想。這種新思想及生活模式能擴闊個人能力，同時享受個人興趣；更高層次的是令退休人士加深對自我的認識，及有助重新燃點年輕時對事物的好奇心。

規劃獨特的退休生活

退休對不同人有不同的意義。對於擁抱傳統退休概念的人，他們會強調休息和娛樂，而放棄追求個人成長或夢想。另一方面，有些人則希望退休後可繼續本身的工作，甚或進入他們一直夢想的行業；有些人會選擇不一樣的旅行經驗，也有些會選擇持續學習甚至是考取更高學位，另外有些人會參與義工服務，各適其適。由此可見，每個人都需要一個度身訂造的獨特個人退休生活規劃，去達成自己渴求的退休生活。

優質退休新生活 15 問

假如你希望擁有優質退休新生活，你可以透過下列的 15 個問題來思考或作為計劃的基礎：

1. **退休事業舞台（Work Reorientation）**：要你放下現時的工作崗位，你情緒上有甚麼反應呢？

2. **面對退休的態度（Attitude Toward Retirement）**：對進入退休的人生階段，你有甚麼期望呢？

3. **誰是我的嚮導（Directedness）**：在規劃退休生活時，有多大程度是憑自己內心感覺去編寫？

4. **優新健康指數（Health Perception）**：你怎樣自我評價現時的身體健康狀況？

5. **財務自信（Financial Security）**：你對現時擁有的財富，有多大信心能足夠應付你渴望的優質退休新生活？

6. **滿足現況指數（Current Life Satisfaction）**：你對自己目前的人生有多大的滿足感？

7. **優新生活指數（Projected Life Satisfaction）**：你對迎接未來的優質退休新生活有多大的信心？

8. **退休人生意義（Life Meaning）**：現時你有否找到在退休後，能帶領你走向另一層次的個人滿足感的目標？

9. **優新玩樂（Leisure Interests）**：你能否找到退休後能夠令你身心健康的休閒活動？

10. **適應力度（Adaptability）**：你覺得你面對不同時候或不同事情的適應力有多強？

11. **人生階段滿足指數（Life Stage Satisfaction）**：你對經歷過的重要人生階段如教育、婚姻等有多大的滿足？

12. **對受養人的責任（Dependents）**：你是否需要照顧別人，包括子女、年長父母或親屬？

13. **優新家庭關係（Family/Relationship Issues）**：你有多滿足與家人的關係或親密程度？

14. **年紀的認知（Perception of Age）**：你對自己的身心成長有多大的認同？

15. **任務的轉變（Replacement of Work Functions）**：你是否已作好準備面對自己人生崗位或工作的轉變？

立即行動 為未來準備

由嬰兒潮所組成的新退休人士，他們對退休的固有觀念、對退休的接受能力、對退休的決擇及退休後所做的事情都起了重大的變化，並且不斷革新，並在我們的社會中默默地形成了一股新的力量。這股力量正在改變我們的生活方式、文化、人際關係、運用財富以至時間和才能的方法，為我們帶來了新的退休思維，帶領其他人走向新的退休之路。

希望由這一刻開始，當你與別人談及退休計劃的時候，不會再有愈早愈好、愈多愈好和愈長愈好的答案。你是否能夠擁有自主的優質退休新生活，一切取決於你有否決心為此作出仔細的規劃。

你可以掌握你的退休未來，立即為自己規劃優質退休新生活！

陳家強(Jimmy)

曾任上市金融機構中國業務部助理董事，服務於基金、證券、期貨、財富管理、互聯網金融等管理崗位25年。曾兼任香港銀行學會、香港證券及投資學會、上海財經大學青島財富管理研究院、及中港兩地多間高等院校的金融課程培訓及金融專業資格考試的培訓導師，培訓中港澳三地金融人才。

6.2 內地對財管服務需求日益殷切

今時今日，各類金融機構、甚至地產經紀，都會說自己提供財富管理服務，而最大的客戶群及資金來源往往來自中國內地，即使當中不少已著陸香港、持有香港身份證。然而，在外匯管制下，大部份國內資金只能守在境內，投資品種及渠道有限，仍然以人民幣資產為主。那麼，講中國的財富管理發展該從何說起？

內地個人理財起步

1949年解放後的新中國，緊接著朝鮮戰爭、浪接浪的政治運動、大飢荒、物資非常缺乏，

加上社會主義制度不容私有產權，人心動蕩不安，每家每戶生死攸關、不能弄丟的資產就是每月發放卻未能溫飽的物資配給，糧票、布票、煤票等，缺一不可。糧食配給制度由1955年實施至1993年終止。

1978年鄧小平實施改革開放，容許個體戶、產業承包制度，刺激生產，讓一少部份人先富起來，催生了理財需求。1986年，中國銀行及交通銀行開始發行短期存款證，面向個人發行的存款證面額為500元、1,000元和5,000元，面向單位發行的面額為5萬元和10萬元。國內的個人理財正式起步走！同年，只隔一條河的香港停了商品期貨買賣，開展了熱賣至今的金融衍生工具交易：恒生指數期貨。

證券投資的「大時代」

那些年，國企需要資金活化，國家需要外匯進口物資。1990年底，深圳和上海證券交易所成立，讓國內股民投資A股，1992年再推出B股及1993年開始到香港上市的H股則面向

境外投資者，以吸收外匯為目的。28年來，兩地三股成功為中資企業海量吸金，奈何至今市場仍未成熟，國際形象是企業管治弱、國企效率低、欺詐現象頻、官方常插手、股民欠理性，結果是滿街「地雷股」，股市大起大落，上至基金經理、分析師，下至街坊股神大媽，嘴裡都少講分析、多談博弈，留意官方風向，「炒股要聽黨的話」才是王道，反正大家習慣了追漲殺跌的投機思維，連投資分析軟件也要合乎中國人愛賭要贏的口味，國內最受歡迎炒股軟件品牌就是叫做「同花順」！

內地投資者愛投機有因

為甚麼國內投資者至今仍未將證券看待成為長線而穩健的理財工具呢？聽完筆者列舉他們經歷過的血淚史之後大家才會明白。

90年代少部份先富起來的同胞在牛市中嘗到甜頭，企業及個人資金陸續追入，券商乘勢推出「委託理財」業務，其實是違規的「全權委託戶口」，讓有牌無牌、真真假假的從業人員打著「專業操盤手」的包裝去代客操盤炒股，被視為券商提供的「證券理財」業務，2004年全國券商委託理財規模超過2,500億元。在往後2001至2005年的A股熊市中，委託理財賬戶大面積虧損，客戶手持「白條」(與券商簽好的操盤炒股但要保本的協議)上門討債，被判無法追討的違規合約讓企業及個人客戶血本無歸，身陷債務的全國多家券商被清盤或接管整頓。

內地「黑嘴」曾大行其道

另一種長期違規，誘騙投資者的活動稱為「黑馬推薦」的電視電台節目，沒有資格證書的「黑嘴」在媒體上大吹大擂，推薦所謂「黑馬」的莊家股，各地無知股民付費入會，高價買入莊家操控的地雷股，至2009年，中證監才發布規範各大眾媒體、喊停所有這類詐騙節目。其實這種對著鏡頭、指著股票K線圖、調高八度聲線深情推介黑馬的手法是源自台灣的。一大群散戶排排坐在證券營業部的大廳裡，盯著電子大屏幕的股市行情（紅色數字代表升、綠色是跌，與香港習慣完全相反），專心分析K線圖（香港人喜歡用移動平均線、相對強弱指數RSI），也都是台式炒股風格！

QDII 一遇滑鐵爐

2007年6月中證監公布《合格境內機構投資者境外證券投資管理試行辦法》，即是國內同胞可以認購境內基金公司發行的QDII基金，捕捉國外投資機遇，當時A股平均已達60倍

市盈率的高估值水平，而 H 股價平均較 A 股折讓七至八成，理性地實踐價值投資的股民以為執到寶，紛紛買入 QDII 基金進軍港股，沒想到 2008 年環球金融海嘯掩至，相對於 A 股便宜的港股也大跌六成！多隻「穩健型」QDII 基金推出不足一年便清盤，國內同胞再上了寶貴一課。

「基民」不幸碰上牛轉熊拐點

利用開放式基金作為理財工具本應可以有效地分散風險、捕捉環球投資機會，只是國內散戶首航出海就剛好遇上百年一遇的金融海嘯而已。其實早於 2001 年，中國首隻開放式基金正式亮相，不少「基民」熱情認購，不幸地，2001 年剛好是 A 股牛轉熊的拐點，專業基金經理亦無法抵禦四年熊市，投資者再次飲恨。（香港朋友不要笑，「基民」是國內對基金散戶投資者的通稱，股票散戶就是「股民」了的一樣意思。）雖然如此，認購門檻不高、流動性良好，又交由投資專家團隊管理，公募基金（等於香港本地由證監會認可、可向公眾募集、發售的認可基金）的有效賬戶近 1.9 億戶（截至 2015

年底數字），公募基金數目達4,600多支（截至2017年9月），
仍然是國內最親民的投資理財工具，擁有最廣泛的大眾客戶
基礎。

基金投資如此普及，但是國內基金業界也曾經出現過一段醜
聞困擾的日子，2013至2014年間，作為中國金融中心的上
海，近半數基金公司被調查，大批基金經理涉嫌以權謀私、
欺騙客戶的「老鼠倉」違法行為，案件超過30宗，涉案者
近100人，近十家具領導地位的中外名牌基金公司都在名單
之內，行內牽連之廣，前所未見，再次辜負了廣大「基民」
的信任。（資料來源：《信報》：「中證監嚴查『老鼠倉』」，
2014年7月7日）

富中國特色的「銀行理財產品」

按照各類金融產品的資產規模來計算（不計存款及股票）受歡迎程度的話，國內佔比最高的是「銀行理財產品」，達40%，遠超公募基金的16%佔比，與銀行理財產品性質相似的「信託產品」佔32%排名第二（至2017年第三季數據）。從2003年首發至今，中國的「銀行理財產品」在2017年底存續規模已達29.5萬億元人民幣，由於投資門檻不高，而且由銀行發行，由前線理財經理主動推銷、網上被動銷售，讓大眾錯覺以為是由銀行保證無風險卻遠高於存款收益的固定收益投資產品，有存款的城鎮居民都會普遍持有。

這些富有中國特色的「銀行理財產品」透明度極低、大部份亦非保本，銀行理財經理及投資者都說不清楚裡面究竟是甚麼「理財工具」或資產，反正鮮有違約事件（國內稱為「剛性兌付」），所以銀行繼續賣、投資者繼續買。2012年時任中國銀行董事長肖鋼曾經撰文呼籲加強監管(《中國日報》，2012年10月12日)，因為這些產品與另一種中國特色的「信

託產品」一樣，屬於影子銀行業務，以資金池運作，但是期限錯配、要發新償舊來滿足到期兌付，本質上有龐氏騙局的風險嫌疑。即使現在監管已較嚴，產品募集的資金其實是有相當高比例去了一些無法從銀行借到貸款的地產及產能過剩的商業項目、或是地方政府的低效率基建項目，它們借款或項目的違約風險由理財產品投資者去承擔。而所謂「信託產品」的運作原理一樣，只是發行商變成擁有信託牌照的機構而已，信託產品投資門檻較高(100萬)，並非普羅大眾的投資工具。

由於老百姓心目中「理財產品」少有違約（有的話或者他們也不易收看到相關新聞消息），不法之徒、無牌機構以此投資心理為切入點，巧立名目，濫發各種虛假或違規操作的所謂「理財產品」，非法向民間集資，最大案例應數幾年前發生在雲南的泛亞有色金屬交易所發行「日金寶」、「日金計劃」的理財產品，其實是龐氏騙局，詐騙金額430億，22萬人受騙！

「互聯網金融」Vs「金融互聯網」

互聯網無遠弗屆,即使身處偏遠鄉鎮也可以輕鬆地上網理財,擁有如此最大商機優勢者專非騰訊、阿里巴巴、百度莫屬,各擁數以億計用戶,只要能推出合符大眾口味的金融產品、操作互動易用,一夜之間就可轉化成以億計的金融客戶,也就是說,海量的資金及客戶會從其他傳統金融機構流失了。

2014年阿里巴巴的馬雲接受採訪時表示:「如果銀行不改變,我們就來改變銀行」。當時投資者通過「餘額寶」購買的

就是已被阿里巴巴購入控股的某間小小基金公司旗下一支貨幣基金，這一招令銀行流失大量存款。至2017年底「餘額寶」規模達2,000億美元之巨！

同年，另一互聯網巨頭騰訊與其他券商合作推出「佣金寶」網上證券交易服務，佣金低至0.02%，15天內開戶數目超過25萬戶，顛覆了證券行業，零佣金指日可待（在香港已經發生了）。傳統金融機構亦非坐以待斃，銀行、券商、保險公司陸續提升其網站的互動理財功能，趕緊推出各類理財產品，在中國的互聯網世界爭奪市場話語權。

然而，保險產品種類繁多而複雜，難以蘋果跟蘋果的互相比較，即使網上金融及手機支付已普及，網上買保險仍只限於簡單易明的險種，例如旅遊、意外、定期壽險等，而國民視保險為消費性開支，加上見慣了中國幾十年高增長年代有不少高收益投資項目，對於儲蓄型壽險、年金類保單的回報率不感興趣，而且早年國內保險從業員拉保險手法良莠不齊，搞壞了行業名聲，因此民眾並不了解保險作為財富管理工具的定位及重要性。

民眾富起來 需財管服務

改革開放40載，創造了驚人的民間財富，激發對投資理財工具、專業人員、投資渠道這個產業鏈的龐大需求，除了衍生工具之外，其他財富管理產品創新程度及品種之多已不下於香港，從聚焦高資產值客戶的私人銀行服務、私募基金以至面向草根大眾的P2P微貸平台，各式各類理財產品，各路人馬均絞盡腦汁想搶佔財富管理這個朝陽行業，當中有真有假，當中商機處處，同時也地雷遍野，不少投資者受騙（例如近期大批P2P平台接連倒閉），可惜金融法規未能跟上監管的步伐，我只能提醒一句：中國地大「勿博」，投資仍要小心謹慎！

現時國內民眾資產配置超過一半比重集中在房地產，而房地產泡沫早已延伸至三四線城市，奈何外匯管制下，資金苦無出路，A股11年熊市也嚇怕了投資者。對比之下，香港的財富管理工具選擇豐富之餘、法規監管嚴謹、市場成熟、可隨時捕捉環球投資機會、分散風險，香港投資者實在幸福得多。

我在中、港財富管理市場工作了25年，見識過和親身經歷過不少市場持續發展帶來的機遇和挑戰，我相信發展中的中國財富管理市場明天必定更好，但你要享受到這成果前，需要懂得怎樣保存及累積資本、避開真真假假的引誘、及透過配置資金到不同市場及產品去降低風險。累積財富需要時間，想不浪費時間便要好好計劃。

顏偉華先生 (Franco)

特許金融分析師，聯合創始人及行政總裁

行健資產管理　　ZEAL | 行健

顏偉華是行健資產管理的聯合創始人及行政總裁。行健資產管理是一間香港的獨立資產管理公司，客戶遍布全球，包括國家主權基金、養老基金、機構及個人投資者。行健資產管理是首批通過「中國內地與香港基金互認」安排進入內地零售市場的三間基金公司之一。

顏偉華擁有超過22年基金管理行業經驗。在行健之前，顏偉華是惠理集團的行政總裁及執行董事。顏偉華2004年加入惠理集團，並成功於2007年帶領公司於香港聯交所主版上市，成為香港首家上市的獨立基金管理公司。在任職惠理集團期間，他亦兼任 Development Partners Ltd. (荷蘭發展銀行 FMO 及惠理集團的一家合資企業) 的主席。加入惠理集團前，顏偉華曾於不同的跨國金融企業任職，包括宏利資產管理 (香港) 及 Altamira Investment Services Inc. (加拿大)。

由2007年至2013年，顏偉華曾任證券及期貨事務監察委員會之公眾股東權益小組委員，負責對證監會就與證券市場及投資者權益保障有關之公共政策提出建議。此外，由2010年至2013年，他擔任另類投資管理協會香港分會的中國委員會主席，並由2008年至2014年，出任該協會之行政委員會成員。顏偉華擁有加拿大英屬哥倫比亞大學商業學士學位，並且持有特許金融分析師 (CFA) 資格。

6.3 走進基金公司投資世界 了解既公開又神秘的一面

　　基金經理剛剛與一間上市紡織公司的投資者關係負責人會面，他回到公司坐在自己的黑色轉椅上，腦海裡仍思考著會後衍生的一連串問題，包括廠房自動化帶來的效率提升如何改善公司盈利？與中國廠房相比，越南廠房的電費和水費究竟節省多少？在越南擴大生產時，公司會遇到甚麼問題？他取出一本紅色的特大記事簿立刻記下這些問題。雖然他有一部平板電腦，但仍然慣常用這種傳統的方式來記錄投資筆記，或許他就是喜歡這種用墨水筆寫在紙上的切實感覺。

接著，他喝了一口咖啡，提升今天的工作精神，旁邊則擺放著昨晚從上海機場回來的登機證。不……應該是今早，該航班原定晚上8時降落，但最終在今早凌晨12時左右才著陸。對於四小時的延誤，他已習以為常。近年，他經常飛到上海進行公司實地考察，所以習慣甫下機便透過手機應用程式召喚車輛。由閘口走到機場B2停車場之時，司機早已在那裡等候。整個路程就如回家般熟悉。

現在是早上9時30分，無論身處何地，每當香港股票市場開始交易，基金經理的思緒就保持高度專注，那怕是晚上9時30分身在紐約或零晨2時30分在倫敦。過去二十多年投資港股的生涯已使他的生理時鐘與港交所同步。他專注面前上下各2部，合共4部的電腦屏幕。屏幕上的資料經他謹慎地排列，務求快捷掌握市況：一排長長的股票價格已佔滿了屏幕的中間位置，右邊顯示了重要的中國經濟數據，左邊則為環球市場的經濟數字，新聞標題在屏幕底部一個接一個地彈出，繪製的市場趨勢圖表只可放置在一旁。他為了要顯示所有資料，便把字體大小調整為10，並稍微瞇起眼睛，聚精會神地留意著面前數百個不停閃爍的綠色和紅色數字。

今天的工作就如常開始。

每天的工作都是為投資者創造價值

基金經理們的工作是將投資者所交托於他們的資金去創造價值，實現此目標可以透過很多不同的方法。在行健資產管理有限公司，我們的目標是通過投資大中華區股票為投資者創造長期價值，每天主要工作是尋找被市場錯誤定價(mispriced)的股票。

股票市場是一個每分每秒，甚至每千分之一秒，都有無數買家和賣家一同參與決定股票價格的地方。原則上當前的股票價格應該是處於其內在價值(intrinsic value)，那為甚麼某

些股票會被錯誤定價呢？我們認為很多時候是基於以下原因：

（一）　有些公司並沒有太多分析員追蹤作深入研究，可能受公司市值或行業認知等因素阻礙，結果投資者未能掌握足夠資料進行交易，令股票價格偏離其內在價值。

（二）　市場情緒亦會令股票價格暫時偏離其內在價值。當投資者被貪婪所蒙蔽時，股票價格可能遠高於其內在價值；相反在市場充斥著恐懼時，股票價格可能遠低於其內在價值。

如果基金經理能投資於被市場低估的股票，意思是當前股價暫時低於其內在價值，待該股票回升至其內在價值之時，就能為客戶創造財富。當然，最困難的任務是尋找被市場錯誤定價的股票。為此，我們有一套「3D」系統 。

第一個D：Differentiated Insight 建立與市場不一樣的觀點

每天，股市會根據市場參與者整體觀點為各股票定價，所以假如我們完全同意市場對所有股票的看法，根本不可能找到

被市場錯誤定價的股票。因此，我們要透過對公司的深入研究來建立與市場不一樣的觀點，與市場「對著幹」。

例子：2011年我們開始投資在一家針織製造商（A公司）。當時因棉花價格瘋狂上漲、中國工廠的工人薪金升幅驚人，以及市場普遍認為製衣是夕陽行業，故大部分投資者對這類公司都不太感興趣。然而，我們通過對A公司進行深入研究、包括與管理層會面、進行實地考察、分析公司財務報表、拜訪其客戶及供應商等，我們認為A公司有巨大的潛力。第一，A公司的客表示該針織製造廠的出品質量高，且交貨準時穩定、所以願意付出比其競爭對手高百分之十的單價批出訂單。第二，A公司的客戶包括多間環球服裝品牌，亦是它們首選的供應商。第三，A公司的管理模式、經營策略、廠房設施，及財政狀況等能確保公司擁有長期的營運優勢，及帶來穩定的盈利增長。上述這些觀點是當時市場所忽略，令其股價遠遠低於內在價值。

由例子可見，我們建立與市場不一樣的觀點是建基於公司業務、管理層、競爭對手、供應商、行業及政策等多方面，嘗試尋找那些被市場或分析員遺漏的東西。綜合所有資訊後，我們便能確定公司的價值主張（value proposition）的優勢和持續性，即公司所提供的產品是否能夠持續滿足客戶或潛在客戶的需求，最終就能為企業及投資者創造長期價值。

專家挑戰專家 真相越辯越明

要建立與市場不一樣的觀點談何容易，市場充斥著聰明的專業投資者和機構。所以我們並非單憑個別基金經理來建立我們的觀點。我們知道單憑個人力量未必能準確地分析和判斷每項投資，即使再厲害的人也會有弱點和「走漏眼」的時候，因此，我們建立觀點的過程是依靠整個投資團隊包括基金經理和分析員的力量。

每天早上基金經理及分析員會聚在一起分享最新市場資訊及每項投資的部署。在會議上，專家們當然不只是分享和匯報

那麼簡單，他們會互相評估對方的推理和假設，務求避免盲點及更清楚每項投資如何創造長線價值。專家們透過不斷的辯論，反覆論證每項投資的利弊得失，達致深層次探索與判斷，讓整個團隊對周邊的風險因素及變化亦有更好掌握，所以機構或零售投資者也樂意找基金公司幫忙。

何謂深層次探索與判斷？何謂真相越辯越明？以下是2位分析員於某天會議的對話整理（刪除及更改了較敏感的資料）：

分析員A：我建議在10元水平吸納公司股票（一間生產光學鏡頭和相機模塊的製造商，產品被廣泛應用於智能手機和汽車）。雖然這公司的股價今年已跌近一半，同時目前股市仍然非常波動，但我相信估值處於這個水平已經很吸引，我們可以逐步累積倉位至基金約2%。

分析員B：我擔心我們是否對公司的前景過於樂觀。很明顯，市場擔心全球智能手機的滲透率已經到了樽頸。

分析員A：我同意全球智能手機的銷量已到達樽頸位，所以我已經用較低的估值水平去推算該業務的價值。但我不認為

智能手機業務會一下子急速下滑，因為現時新款的智能手機背面已經由2枚攝影鏡頭逐步增加至3枚，這趨勢將部分抵消智能手機業務飽和的負面影響。更重要的是未來公司的盈利增長將會是汽車鏡頭業務。首先，汽車配備後置攝錄鏡頭已是標準配置，今後再添上前置攝錄鏡頭亦是大勢所趨，因為許多汽車已具備部分自動駕駛功能。但留意前置攝錄鏡頭的價格幾乎是後置鏡頭的一倍，因為它具備更廣寬的視野及高解像度，所以公司賺取的利潤更高。隨著全自動駕駛功能的汽車興起，屆時每輛汽車的四個角落都需要有一枚攝錄鏡頭，對攝錄鏡頭的需求將有大幅增長。

分析員B:好，那你計算出來的1年、3年及5年期公司目標價是怎樣，潛在升幅是多少？

分析員A:我預期1年、3年及5年的潛在上升空間分別約25%、100%及200%。當然3年及5年的估計不及1年的目標確定，但就算對3年及5年的目標打折亦有吸引的上升空間。

從以上簡單的對話反映投資團隊對公司基本面的重視以及希望掌握公司的長綫發展，以建立長綫投資的基礎。

每年超過1000次公司探訪 是真是假無所遁形

為甚麼我們要堅持每年走遍中國，甚至拜訪中國公司在越南所設的廠房、或處於美國和韓國等地的中國公司競爭對手？今時今日，我們透過互聯網已經可以簡單輕鬆地掌握有關資訊，還可自行下載投資報告和財務報表進行分析。故此，公司探訪真是有實際價值嗎？

互聯網資料的真實性存疑早已是人所共知的事，單憑互聯網的資料去進行投資會蒙上極大風險。除此以外，即使投資者閱讀的是公司所發佈的資料，也不一定是完全可信。因為公司可能會隱藏一些對自己不利的資訊或「造假數」。我們進行實地考察其中一個原因就是要面對面與公司管理層對話，有時候科技是代替不了真正的眼神接觸，當面接觸更能感受到管理層的熱誠、信心、決心等。實地考察亦能讓我們親身了解廠房自動化的情況（我們甚至見過漆黑的廠房，因機器人是不需要照明來運作的）、食物生產線的整潔度、工人質素等。我們投資團隊每年做超過1000次公司探訪是為了掌握第一手資訊和反覆地從公司的上游、下游、同業驗證我們搜集的資料。

一次有趣的公司探訪經歷

幾年前我們去一個位於中國的廠房。我們首先和廠房經理在辦公室談話，過了30分鐘，我們覺得很奇怪，為甚麼經理不帶四處看看，於是我們提出想到生產線視察一下，經理說可以讓我們一看，不過現在是中午時候，工人都在吃飯，所以生產線是沒有工人。在看生產線的時候，我們其中一位分析員故意走到廠房外面觀察，湊巧他碰到一位保安員就上前打聽一下：「你們的工人通常到哪裡吃飯」？保安員回答：「吃飯？這裡已經停電好幾天，最近都沒有人開工了」。因此，實地考察真是很重要。

例子： 延續之前 A 公司的實例，我們提過我們有信心它的管理質素能讓它保持在環球各大型服裝品牌不二之選的地位。其中一樣讓我們欣賞其管理層的原因是他們對工人的照顧。中國春運可算是世界奇觀，每年農曆新年約有 30 億人次（世界人口是 77 億）在短短 40 天集體回鄉。不難想象，每年農曆新年各火車、高鐵綫真是一票難求。如一些工人沒辦法回鄉，他們可能喪失整年裡唯一見家人的機會。就算能夠回鄉，由於春運的過程太痛苦，不少工人在農曆新年後會選擇留在家鄉。A 公司於中國擁有超過 5 萬多名員工，它明白到春運對所有員工都是一件非常頭疼的事。因此，數年前，A 公司特別安排數百輛旅遊車接送工人回鄉探親。假期完結，同一車隊把工人送回工作崗位。眾工人對此體貼安排十分滿意，A 公司絕對不像一些傳媒所謂的血肉工廠。當然公司這樣做也有生意及營運的考慮，可謂一箭雙鵰。除了解決了工人回鄉的煩惱，廠方能確保生產流程不會因節日因素受到影響。試想如果每年工廠在新年後流失大量員工，公司要再招人、重新培訓，這會拖累生產進度，令其未能向客戶如期交貨，最終損害工廠的聲譽。而公司實施車隊的安排，的確大

大減少工人流失的問題。同時，Ａ公司的各種福利增加員工的忠誠度，透過年復年的工作，達致熟能生巧，提升廠房整體的生產效益。其實，一些照顧工人的政策，投資者未必輕易在研究報告或網頁留意到相關報導。倘若我們沒有進行公司探訪，可能也會錯過一則細微、不過極具參考價值的資訊。

Ａ公司在春節期間特別安排旅遊車隊接送工人回鄉探親的情景

第二個 D：Devise Checkpoints 建立檢查站

大部分遠足愛好者都會同意，當準備展開一段艱辛及路途遙遠的行程時，除了確立起點和終點外，還會加設一些中途檢查站，作休息及評估是否繼續行程之用。投資於一些還未被市場賞識的公司也一樣，路途就像「偏向虎山行」，所以需要

建立不同的檢查站，持續監測早前的假設及推斷有沒有必要作出修正，這就是風險管理其中一環。通常我們最少會預測公司未來一年的路綫圖，若果有足夠能見度，最好可以為公司未來三年的發展設下檢查站。

一些硬性預測指標常常被用作追蹤公司的經營情況，例如未來12-36個月的公司新產品發展、銷售預測及成本控制能否達標。在投資期內，如果公司順利通過我們建立的每個檢查站，則表示我們之前的投資判斷是正確，公司股價理應邁向其內在價值；相反，若果公司的營運情況偏離預測路綫，我們便要修正早前的判斷或盡早離場。

例子：回到A公司的實例，在投資該公司約兩年後，在2013年公司開始在越南興建第一間廠房。當時我們建立的檢查站是A公司透過越南的新廠房營運，可把其生產成本大幅削減。據分析員的研究顯示：

- 越南的電價是中國的60%

- 越南的水價是中國的50%

- 越南的工資是中國的30-40%

因製衣行業需要用大量電、水及人力，我們預計A公司越南廠房的製衣成本會遠低於其中國廠房的。而當越南廠房於幾年後進入大量生產，我們計算A公司的整體銷售成本(Cost of goods sold)能下降約20%。到2016年，公司果然通過我們的檢查站，當時越南廠房開始大規模投入生產。因成本下降，公司頭半年的毛利率提升到其歷史新高的32%，對比2015同期年增加2.5%。反看它兩大競爭對手於2016頭半年的毛利率不升反跌，只有分別27%，21%[1]。

[1] 資料來源：彭博，31/10/2018

第三個D：Discount to Intrinsic 內在價值的折讓

投資一些被市場誤解的公司有一定風險，因此我們挑選股票都要有足夠的安全邊際（margin of safety）來減少下行風險。我們認為最佳量度安全邊際的方法是股票估值折讓的幅度，究竟公司的內在價值對比其現時交易價格高出多少，簡

單而言差距越大，安全邊際越高，估值折讓越大。由於內在價值的計算涉及大量對公司未來經營情況的假設，所以我們會時刻留意各種因素變化對公司每項指標的影響，以下這些是用來衡量公司內在價值的指標，包括但不限於：

- 市盈率（P/E）

- 自由現金流收益率 (Free Cash Flow Yield)

- 企業價值倍數（EV/EBITDA）

- 市帳率（P/B）

- 股息收益率 (Dividend Yield)

- 股本回報率（ROE）

- 資產淨值折讓 (Discount to Net Asset Value)

- 貼現現金流 (Discounted Cash Flow)

- 重置價值 (Replacement Value)

例子：回到Ａ公司的實例，在2011年投資此公司時，其股價大約港幣9至10元，市盈率只在7至8倍，是擁有高安全邊際的吸引投資機會。當我們一直跟蹤Ａ公司的發展，我們陸續發現一些新元素，包括公司在越南興建新廠房、新布料研發、開拓更多大型服裝品牌客戶等，都可望能提升公司的內在價值。所以我們一直持有這公司達七年之久，期間它的股價升值超過800%。

A公司股票總回報率（2011/06/30 — 2018/10/31）

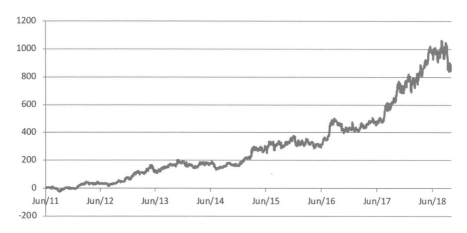

資料來源：彭博，31/10/2018。總回報按照該公司 2011 年 6 月 30 日至 2018 年 10 月 31 日的股票收市價計算，並包括股息再投資。

3D 系統不只是資本增值

過去我們透過 3D 系統揀選的公司不單旨在幫助投資者的資產長線增值，更與所投資的公司一起成長，令公司持份者及社會也一同受惠。以下實例或許值得讓我們反思甚麼是資本增值，改變世界！

專注研發製藥 造福無數患者

面對人口老化，病毒變種的世代，人們花費在醫療方面的開支不斷增加，故健康護理板塊一直受投資者所追捧。不過大部分投資者只對一些歐美大藥廠有所聽聞，真正認知又有多少？ 對於製藥前期的探索和臨床測試更可能甚少聽聞。

新藥研發流程:

以往，傳統醫藥公司普遍進行大批量和大劑量藥物生產。不過，精確醫學和標靶治療漸漸成為現今世代新藥開發的趨勢。由於每種病的分類增多而各種類有不同針對的藥物，醫藥公司要以小劑量生產更多種藥，這要求比以前更靈活的開發和生產能力。這種趨勢驅使醫藥公司將部分新藥研發外判給其他生物製藥公司，以提高其研發的靈活性和效率。

過往我們投資於一間在全球具領導地位的中國生物製藥綜合服務公司（B公司），其業務及廠房在全球佈局，科研資料在集團內進行共享，及聘請千人研發團隊。B公司擁有兩大競爭優勢：成功率及速度。從分子鑑定到藥物管理局批准製造商業用藥，B公司能夠實現12%的項目成功率，而全球平均的成功率只有7%。在「新藥臨床試驗申請」的所需時間縮減至15至18個月，在特定情況下更可短至9個月[2]。與行業普遍耗上18至24個月相比，B公司的成功不單擁有全球同行的競爭優勢，最重要是能夠將新藥更快帶到病人手中，為無數病患者帶來希望。

[2] B 公司 2017 年年度業績，3 月 2018

基金經理伸直背，望向顯示屏後的窗外，遠見滿載乘客的綠色渡輪正慢慢駛往維多利亞港的另一邊，這時天色好像比中午多了一點淡紅色。原來不經不覺今天已完成一個內部投資會議、2個與公司管理層及投資者關係的會議、數個分別與券商分析員及公司投資者關係的電話對話、讀了2篇經濟師的分析、處理股票交易、其他時間主要整理他的公司財務模型。今天的投資決定會直接影響他客戶的資產，與此同時對於剛才渡輪上的乘客、甚至這城市的人也有或多或少的間接影響。因為透過今天的買賣交易，一些公司將會獲得資金支持來研究下一種新藥、完善汽車自動駕駛系統、讓下一年的手提電話的相機拍攝更動人的照片、研發一種更輕更保暖的物料等。他快速看看四個顯示屏上的股價變動、經濟數據、新聞。突然，所有紅色、綠色的數字停止閃爍。

現在下午四時正，香港股票市場收市了。

免責聲明

本資料提及任何證券或證券類別的目標價格及未來表現預測並不獲確保能達至的。討論的證券未必為投資組合內的現有投資。有關本文所述特定公司的任何提述推論並不構成購買，出售或持有該公司證券的建議，亦不構成直接投資於該公司的建議。請注意任何證券或證券類別的任何目標價格或未來表現預測將隨時變改及截至本介紹的日期。目標價格只作為所設定目標及並不能視為保證或確認本資料提及的任何資產或資產類別將來可達至的結果。

本介紹只供參考及闡明所用，並不構成法律、稅務、投資或其他意見。本介紹所載的任何預測或意見均是基於特定假設及目前市場狀況作出，且可隨時變動而不發出事先通知。本介紹不構成購買任何證券的說明書、邀約或招攬。投資基金涉及風險，過往表現不可作為日後表現的基準。

行健資產管理有限公司或者其關連公司，本基金，基金經理，或者其各自的董事，職員，代表及/或僱員（以下簡稱"我方"），對於有關本介紹的準確性或完整性，不給予任何明示或暗示的陳述或保證。對於刊載於本介紹的任何信息或意見，包含或源自本介紹所產

生的任何陳述，意見，信息或事項（明示或暗示），或任何本介紹
的遺漏或任何其他書面或口頭通訊傳輸或提供給任何其他方有關的
信息，我方不接受及並沒有責任。

本介紹的內容為保密資料。本介紹資料只供指定收取人專用及不得
複製或再分發。未得行健資產管理有限公司或本基金或其關連公司
書面同意，其全文或部分亦不得刊載、傳閱、複製或分發。

本介紹由行健資產管理有限公司刊發，並未經證監會審閱。

劉智峯 (Daniel) 先生於 2006 年加盟現職
的國際大型金融機構，是該公司的高級投
資經理，負責基金篩選及策略。劉先生於
2000 年加入金融業，曾先後於信安環球投
資及亨德森環球投資擔任分銷職位，涵蓋零
售及私人銀行、保險公司、退休計劃和獨立
投資顧問。

在 2015 年， 劉 先 生 被 亞 洲 金 融 雜 誌
《AsianInvestor》選為最具影響力的二十五位基金產品經理 (Fund
Selectors) 之一。

劉先生是特許財富管理師學會的榮譽會員。

6.4 散戶投資 選擇比努力重要

從青年時代開始，就覺得基金投資是一件很令人嚮往的事：集腋成裘，由一個普通的投資者，搖身一變，成為「有錢人」或「大戶」，可以利用專業基金管理團隊的眼光及判斷來創富。

一向以來，基金管理這個行業總給人一種高不可攀的感覺，亦有時候給傳媒，電影描繪成很「英雄」的形象。但在現實中，他們的生涯又是怎樣的？

香港人對於基金的普及化接觸，2000年應該算是轉捩點，因為當年政府推行強制性公積金(MPF)的退休政策。幾百萬打工仔，一夜之間，要自己選擇在計劃內提供的基金，為退休作準備。

各行各業人仕，在「手無寸鐵」底下，如何選擇？

筆者有幸在過去十多年，接觸到大部分在香港設立業務的基金公司，亦通過跟中介人及客戶的長期連繫，明白如何善用一些供大眾查閱的「工具」，對基金作較深入的了解。

「自己未來自己來」，在此希望大家讀完文章之後，可以從基金單張及晨星網站，取得有用資訊，揀選適合自己的基金，更有效地達至理想中的財務目標！

基金便覽(Fund Fact Sheet) 是方便公眾查閱基金過往表現的正式途徑，如能善用便有助揀選合適的基金。在2008年金融海嘯之後，香港證監會對於基金便覽，作出一系列的調整，以便投資者更容易了解，以下我會為大家逐一分析要點。

首先，每張基金便覽，在重要事項的欄目，必有一句留意風險的句子：「基金可在一段短時間內顯著下跌，閣下於本基金的投資可能會價值全失」。投資當然涉及風險，但要令一隻基金價值全失，亦不是一件容易的事。金融海嘯中，個別公司市值跌到非常低殘，但不要忘記，以股票基金為例，其

持股一般都會在30隻以上，而環球基金更會接近100隻持股
或更多，所以風險亦得以分散。

參考例子

另外，在基金目標一欄，大部份主動式基金都會列明有資本
增值的目標，對比之下，交易所買賣基金 (ETF)，一般都會
以追蹤相關指數為目標。簡單來說，主動式基金的目標是幫
投資者「賺錢」。以下我會和大家分享在基金資料欄目上其
他值得參考的資訊。

基金的註冊地點就是基金的出生地，會受到相關司法管轄區
的監管，所以亦不容忽視。現今，大部份香港證監會批核的
基金，都以盧森堡等歐洲地區為註冊地點，監管水平與世界
接軌。值得留意的是，在2015年7月1日開始，有部份在

中國大陸註冊的基金，亦可通過基金互認計劃南下香港作銷售。同時，部份香港註冊的基金，亦可通過基金互認計劃，北上銷售，體現香港作為亞洲金融中心的重要性。

Portfolio Objective/ Strategy/ Key Features 基金目標/ 策略/ 特色

The Portfolio seeks long-term capital growth by investing in a global portfolio of equity securities. The Portfolio currently consists of four sub-portfolios, each managed by an in-house, senior sector analyst-manager. Currently, these sectors consist of technology, consumer, industrial cyclicals and financials. Applying a research-driven, bottom-up stock selection process, each of the sub-portfolio analyst-managers uses the Investment Manager's proprietary research to seek attractive companies in their sectors.

本基金投資於環球股權證券組合，尋求長期資本增值。基金現時包含四項子基金，各子基金均由公司專職高級行業分析師兼經理管理。現時，此等行業包括科技、消費者、週期性工業和金融。各子基金分析師兼經理均運用以研究為導向、由下而上的選股程序，用投資管理公司的專屬研究方法尋找各行業內具吸引力的公司。

參考例子

基金的資產規模亦是投資者需要留意的地方。究竟基金規模怎樣才算大呢？一般來說，理想的基金規模至少超過5千萬美元，因為當中的固定行政開支可以有效地分攤。那麼基金規模是不是越大越好呢？知名的基金公司及規模大的基金，在做有關分析及研究時，有必然優勢。舉個例說，上市公司的財務總監或行政總裁，會較樂意跟大型基金公司接觸，回答關於財務報表上的問題及業務前景。某些大受投資者青睞的基金，其資產規模及管理團隊的人數，已超越一間中型資

產管理公司的規模。但較小型的資產管理公司是否就沒有生存空間呢？這又不一定，尤其是套用在某些市值較細的金融市場，較細型的基金反而可以靈活地部署，「轉身」更快。

Profile 基金資料	
Domicile 註冊地點	Luxembourg 盧森堡
Inception Date 基金成立日	11/04/1995 （Class A – USD） （A 股–美元）
Fiscal Year End 財政年度終結	31 August（8 月 31 日）
Net Assets 淨資產	$ 768.68 Million 百萬美元
Subscription/Redemption 認購/贖回	Daily 每日
Base Currency 基準貨幣	USD 美元
Reporting Currencies 其他報價貨幣	EUR 歐元
Initial Sales Charge[1] 首次認購費 [1]	Up to 最多為 5.00% （Class A 股）
Management Fee[2] 管理費 [2]	First $1250mn: 1.70%α Over $1250mn: 1.50%α 首 12 億 5 仟萬美元: 1.70%α 超過 12 億 5 仟萬美元部份: 1.50%α （Class A 股）
Management Company Fee[2] 管理公司費 [2]	0.10%
Distribution Fee[2] 分銷費 [2]	每年 1% per annum （Class B 股）
Contingent Deferred Sales Charge[3] 或有遞延銷售費 [3]	4%（Year 1 首年）， 3%（Year 2 第 2 年）， 2%（Year 3 第 3 年）， 1%（Year 4 第 4 年）， 0%（Thereafter 4 年以後） （Class B 股）
Total No. Of Holdings 總持股數量	81
Portfolio Management Team 基金管理團隊	Daniel C. Roarty, CFA Tassos Stassopoulos

參考例子

談到主動式基金不得不提管理費，這亦是很多人談論的焦點。在坊間及傳媒，通常一提到強積金，就會有收費蠶食回報等的言論出現，不過又有多少人真正明白基金公司收取了管理費後為投資者做了甚麼呢？

可能不少讀者都有直接投資香港股票的經驗，不過又有多少股民會在投資前做功課呢？其實股票投資最基本就是閱讀財務報表。以恒生指數為例，便有50隻成份股，如果要從籃籌股中找出心儀股票，亦即是每年至少有50份功課要做，閱讀50份籃籌股的財務報表。如果投資環球市場，MSCI環球指數就有超過1,600隻成份股，以一年365日計算，每天也要閱讀超過4分財務報表！可想而知，工作量是十分巨大的。而且，投資者亦期望基金經理團隊會搜羅指數以外的優質股份，其工作量將更加龐大。除了覆蓋的闊度，優質的基金管理團隊亦會憑著嚴謹的投資過程進行深度研究。所以以平均每年約1.5%(以一般股票基金為例)的管理費而言，我覺得是非常合理的。

究竟基金管理費是甚麼時候收的？基金的管理費是從每天的基金價格反映的。所以投資基金就像住酒店一樣，住一天付一天的價錢。

投資基金當然亦要注意誰是基金經理。可是有別於80年代，現代基金管理更注重團隊，因為單憑個人能力，會隨著年月而改變，亦有很高的主觀性，所以不要盲目追尋星級基金經理。

在基金便覽中，通常會以圖表記載基金內各行業股份比重及分散於甚麼國家地區。建議大家不用太仔細研究這兩部份的資訊，因為大部份基金經理的主動持股都不會大幅偏離相關的投資基準。

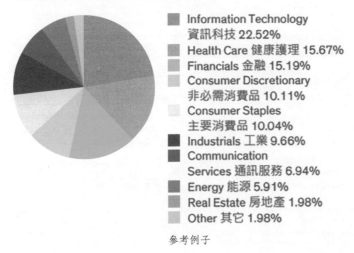

Portfolio Composition^ 投資組合配置^

Sector Allocation 行業分佈

- Information Technology 資訊科技 22.52%
- Health Care 健康護理 15.67%
- Financials 金融 15.19%
- Consumer Discretionary 非必需消費品 10.11%
- Consumer Staples 主要消費品 10.04%
- Industrials 工業 9.66%
- Communication Services 通訊服務 6.94%
- Energy 能源 5.91%
- Real Estate 房地產 1.98%
- Other 其它 1.98%

參考例子

Country Allocation 國家分佈

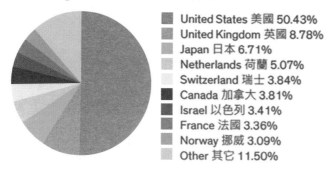

- United States 美國 50.43%
- United Kingdom 英國 8.78%
- Japan 日本 6.71%
- Netherlands 荷蘭 5.07%
- Switzerland 瑞士 3.84%
- Canada 加拿大 3.81%
- Israel 以色列 3.41%
- France 法國 3.36%
- Norway 挪威 3.09%
- Other 其它 11.50%

^ Holdings are expressed as a percentage of total investments and may vary over time.
   投資組合配置比重以總投資比重之百分比表示,可能隨時間而改變。

1. As a percentage of purchase price for Classes A and AD only.
   適用於 A 股及 AD 股之費用,以認購價格之百分比計算。

2. As an annual percentage of average daily Net Asset Value.
   以每日平均資產淨值之年度百分比率計費用。

參考例子

Top 10 Holdings 十大持股公司

	Sector 行業	Holding 持股量
Roche Holding	Health Care 健康護理	2.75%
Visa	Information Technology 資訊科技	2.67%
Walt Disney	Consumer Discretionary 非必需消費品	2.48%
Google	Information Technology 資訊科技	2.33%
Schlumberger	Energy 能源	2.20%
Danaher	Industrials 工業	2.20%
Anheuser-Busch InBev	Consumer Staples 主要消費品	1.98%
Boeing	Industrials 工業	1.93%
Parker-Hannifin	Industrials 工業	1.86%
Partners Group Holding	Financials 金融	1.86%
Total 合共		22.26%

參考例子

反而，如果在基金便覽的「十大持股」中，看見一些相對不屬於大市值的股份名字，便可以反映出基金經理的積極性，嘗試為投資者爭取超額回報。

最後回報一欄是投資者必看的，以表達方法大致分為兩類。第一類，年度回報 —— 記錄過往五個年度及年初至今的回報率。這一部份非常有用，因為投資者往往容易記得那一個年份是升市還是跌市。簡單來說，就是容易勾起集體回憶，看看基金是否有抗跌及跑贏大市的能力。

Calendar Year Returns 年度回報%

	2009	2010	2011	2012	2013	2014 YTD 年初迄今
Class A – USD A 股–美元	30.0	7.1	-12.2	12.3	21.6	3.2

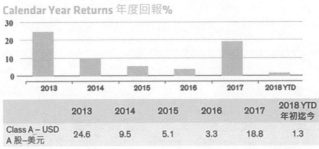

Calendar Year Returns 年度回報%

	2013	2014	2015	2016	2017	2018 YTD 年初迄今
Class A – USD A 股–美元	24.6	9.5	5.1	3.3	18.8	1.3

參考例子

累積回報一欄，通常會記錄基金在過往1年，3年，5年，10年及成立至今的回報率。先用這些數字便可翻查基金過往表現在不同的周期中是否能夠跑贏通脹，及與目標一樣為投資者尋求長線資本增值。提一提大家，有些基金公司會選擇在這一部份，在超過一年的表現用年度化回報來表達，方便投資者比較不同資產類別的同期表現。

Cumulative Total Returns 總累積回報%

	1 Year（年）	3 Year（年）	5 Year（年）	10 Year（年）	Since Inception 成立迄今
Class A – USD A 股－美元	7.3	35.1	42.9	27.9	248.4

Cumulative Total Returns 總累積回報%

	1 Year（年）	3 Year（年）	5 Year（年）	10 Year（年）	Since Inception 成立迄今
Class A – USD A 股－美元	4.3	23.9	45.7	-	76.5

參考例子

另一個非常好用的免費基金分析工具就是晨星基金分析網站。https://hk.morningstar.com

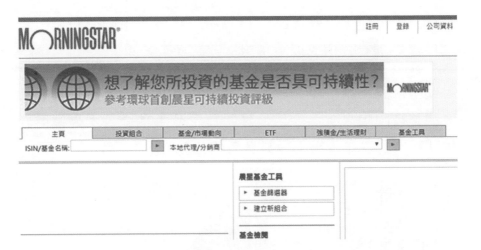

這個網站好用之處在於基金價格每日更新,而且還附帶兩件專屬的基金分析工具:晨星評級及晨星風格箱。

晨星星號評級於2001年引入亞洲,而在2007年進一步改良。旨在協助投資者簡化分析和篩選基金的程序。星級評級把基金按一至五星級排序,而評級結果可用作評估同類型基金表現的參考。

當中有三大核心原則:1)同類型基金比較,2)對基金長期表現的評定,3)將基金成本和風險納入考量。

而基金獲得評級之條件是：1) 具有三年或以上回報數據，及 2) 所屬組別有五項或以上基金。

大致上來說，晨星星號評級，是同類型基金經晨星專屬的風險調整後回報來排名。以最好的首十分一基金，才會獲得五星評級。所以在市場上極具參考價值。

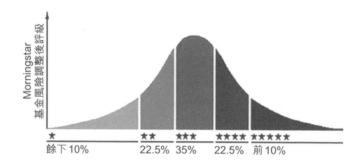

但在使用晨星星號評級時，有以下事項要注意：

1) 如果基金經理有變動，晨星星號評級不會隨之改變

2) 晨星星號評級把投資目標相近的基金作比較，如果該組別過去回報為負數，五星級基金的表現亦可能是負數。

3) 晨星星號評級的改變不應視作為拋售或增持某基金的原因

晨星風格箱於1992年推出，目標是令投資者了解基金的風格，從而易於監察投資組合及更容易找到合適自己的基金。

現時晨星風格箱應用在兩類基金上：1)股票基金，2)債券基金。在股票基金上，以規模及風格作為分類。而債券基金，則以信用質素及理論敏感度作劃分。

先談談晨星風格箱，在股票基金的應用。風格箱分為九格，縱軸是規模，由小型，中型，至大型公司股票。計算方式是根據基金所持股票市值計算。

橫軸是風格，分為價值型，均衡型，增長型。計算方法基本是根據基金所持股票的市盈率及市帳率作參考。

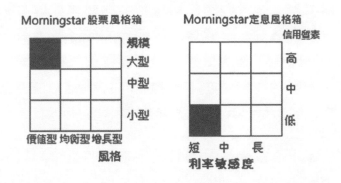

在債券基金的應用上，晨星風格箱亦分為九格。縱軸為信貸質素分為：高、中、低。橫軸則為利率敏感度用短、中、長分類。計算信貸質素時，是依據基金公司問卷調查所得。投資評級以下債券基金組合會以低信貸質素來表達。而利率敏感度是根據基金所持債券的有效存續期作計算。

晨星風格箱以圖像化表達，非常方便繁忙的投資者尋找自己適合的基金及對於現有組合有否重疊，發揮極高效能的審視作用。

最後我以一個例子作為總結。陳先生，約40歲，是一家之主，他有100萬元基金組合，有鑒於市場近日非常波動，想對旗下基金作出微調，因組合是用作退休之用，亦想保持原有的升值潛力。現時的基金組合約七成投資於股票基金，另外三成於債券基金。筆者會建議陳先生先下載最新一期的基金便覽。回顧一下基金目標及投資團隊有沒有改變，此外亦需要再次回顧過往業績在市場調整時抗跌能力是否高，以及長期年度化回報是否可以跑贏通脹率。

此外亦建議上晨星網站，看看旗下基金的晨星評級，亦即是經風險調整後回報，是否在組別中較優勝。一般來說，有三星以上會較為理想。

還有善用晨星風格箱，審視旗下的股票基金是否側重於小型股及高市盈率。在波動時期，一般會以大型股及均衡型或價值型風格較為有利。而餘下三成的債券基金，如果是加息周期，利率敏感度不宜長，而信貸質素亦不宜太低。

還有一點，晨星最近增設了一項可持續投資的評級，分析基金持股公司在企業層面的環境，社會及治理(ESG)的研究，作出排名，最高為五星評級。

過去十年，市場上對可持續發展及對投資的影響均有討論。在全球暖化的大環境下，投資者 —— 尤其是年青的一代，對可持續發展更為關注。

這個現象，雖然有不同的學說解釋，但筆者認為較接近的理由，是因為人均壽命的延長，九十後及千禧年後出生的一群，人均壽命預期都會接近甚至乎超越一百歲。所以一家公司的業務的可持續性，對他們影響尤甚。

總括來說，作長線投資時，亦可參考晨星可持續投資評級。

在此希望所有讀者投資都能跑贏大市及分散風險！

Chapter 7

理財個案分享

理財投資從來也是「愈早愈好」，因為任何人生階段都可能會有預計不到的事情發生。預早規劃「四桶金」，可以令你在理財路上有更多選擇！

接下來我會以過往親身接觸的理財個案，解構不同人生階段的「四桶金」規劃重點。為方便讀者逐步建立自己的理財思維，個案以不同年齡、目標等概括分為「起步篇」（20出頭開始的起步階段）、「邁步篇」（3、40歲的事業高峰期）以及「緩步篇」(50歲後開始退休部署)。

27歲人生交叉點，投資還是創業？

Anson　年齡：27歲　職業：待業，有兼職　狀況：未婚

每月收支	
兼職月入	10,000
個人及家庭支出	(4,500)
保險保費	(500)
每月盈餘	5,000

現有資產	
現金	18萬元

對剛步入社會的20歲人士來説，部署退休仿佛太過遙遠，但頭幾年積累下來的儲蓄、工作經驗，絕對是當你面臨人生交叉點時的抉擇關鍵。近年有很多年輕人都熱衷參加工作假期(Working holiday)，到海外生活擴闊眼界。更豐富的人生閱歷對工作前景當然有幫助，但儲蓄、工作經驗積累很明顯會大受影響。

在大學修讀工程學的Anson畢業工作僅一年多，便選擇去澳洲工作假期，27歲的他早前回港卻撞著是應屆畢業生搵工高峰季節。職場經驗不夠多，面對激烈競爭，Anson短時間內未能找到合適工作，暫時只好靠兼職收入幫補，每月能儲5,000元。但他對前路滿腹疑惑，到底應該繼續向心儀的工程界方向進發，還是轉行到曾經工作的咖啡店工作？

面對工作生涯規劃之餘，只有18萬元儲蓄的Anson亦不知道應該投資增加收入，還是與女友共同創業，投資、理財稍有不慎，隨時造成「全輸」局面。

理財剖析：

對於職場起步「較遲」的Anson來說，現時正是一個重要抉擇關口，「籌碼」不多的他暫時只想出兩個選擇，Plan A是堅持「科班出身」繼續工程相關工作，但就由低做起。雖然初期入息較低，但除非經濟環境有很大變化，前景也算是較清晰平穩；Plan B則是「轉職」到有較合理收入的咖啡店協助管理工作。這方面的考慮是，如果不是國際大品牌或是有規模的連鎖咖啡店，對於維持一間咖啡店有盈利，未來需面對租金和人才等成本增加問題，作為主管層的Anson必須投放很長時間和很多精神。

說回Plan A，有個很殘酷的現況需要Anson考量，就是多等幾個月就代表能找到工作嗎？好的，那轉往Plan B到咖啡店工作，這個職場生涯又可以滿足到Anson嗎？這兩個方案是否Anson的「唯二」選擇？所以我進一步問他：有否想過可能還有Plan C？

我想到的是，既然Anson去完澳洲工作假期，得到了不一樣的生活體驗，為何不考慮將這兩年經歷化為自己的抉擇「籌碼」，考慮如何運用

累積到的經驗和人脈。具體來說，試試回想過去兩年多自己是怎樣過的，是否可以將一些澳洲的文化、教育和其他特色，以親身體驗過的角度，能夠吸引在香港居住、甚至乎國內人士有興趣多了解，而他可以作為中間橋樑，將需要和供求連接呢？

另一個可行的 Plan C 是，Anson 在過去數年其實累積了一筆18萬元的儲蓄，也在考慮如何能夠好好運用，在他的想法中，就包括了投資或是創業。他與同是從澳洲工作假期回港的女友商量過，是否應該將十多萬元用作創業，搞一些小生意？我在這方向的建議是，除非生意是不需要租金和人工支出，否則10多萬元可能「一次全清」。這並不是個充裕的創業金額，我認為應該要考慮怎樣小心運用，如果用在投資的話，這筆資金也許能創造更多財富。

四桶金配置策略

應急資金：雖然資產不多，但我認為Anson現有的18萬元可以分成兩部份，第一部分作為「四桶金」當中的應急資金。以他現時每月支出5,000元計算，以保存六個月日常支出為應急錢，即3萬元作為應急資金，其餘的15萬元才考慮作其他用途。

人身風險儲備：針對人身風險方面，Anson的父母現時已屆60歲，行將退休，所以他需要有一定資金作為兩老的生活費；在他收入穩定

後，父母期望他能每月給5,000元生活費，從這方面看，Anson應該安排一份人壽保障，原因是他現時有工作和有能力支付父母生活費，但萬一將來發生了不幸事情而導致早逝，便不能繼續盡兒子的責任，假如安排了人壽保障便可以有一個緩衝，保障父母未來的生活資金需要。由於他現時資金不算多，所以可以考慮定期壽險，以預計85歲預期壽命計算，父母的收入保障期應該有25年(85-60)，每年6萬元計，未計通脹下，他應該有的人壽保障額便是150萬。

除此之外，Anson亦應該購買基本的醫療保障。雖然他每月交500元保費，但不肯定買的保險計劃的保障範圍，所以他必須回家看清楚保單內容，買保險最怕是「以為」已有適當和足夠保險保障，但到有需要才發覺不足夠。

平穩收益組合、長遠進取組合： Anson沒有任何投資經驗和知識，不太適合複雜的投資方式，所以我建議他考慮將15萬元的投資資金再分為兩部份，一部份可以做較進取的投資，投資在一些較大市值的藍籌股。面對市場波動，藍籌股就算未能夠資本增值，都能夠透過股息製造收入。至於另一部份資金，應該作平穩收益安排，可以選擇的工具包括有收益的保險產品和平穩收益的基金。

投資入門者如果投資全選進取，在面對市況大跌時會承受很大心理壓力，EQ不足下，可能會將所有投資沽售而面對大額虧損，所以應該將部份資金作平穩收益投資。

理財建議：

現時 Anson 的支出不大，亦有兼職收入，但實際上他每做一個月兼職，就代表他少一個月全職收入，即每一個月少賺了數千元，半年便是少了幾萬元，以他現時的資本來說，不是小數目。因此 Anson 實際上是不能再拖，所以他要想清楚，怎樣才算是適當的事業規劃。

生活責任多　3字頭的理財轟炸

Stephen	年齡：32歲	職業：會計師

狀況：單身，與家人同住

每月收支	
家庭月入	58,000
個人及家庭支出	(25,000)
保險保費	(1,600)
強積金供款	(1,500)
每月盈餘	29,900

現有資產	
現金存款	74萬
股票	48,000
強積金累算權益	33萬
iBond	40,000
可提取保單現金價值	15萬
資產淨值共計	130萬8千

針對30多歲的男性年輕人，通常的特質都是有一定進取心態，特別是不用憂慮未來收入時，希望透過股票類資產提升財富。同一時間亦認為，辛勞工作為的是生活更好，所以對生活有一定講究，長遠計，當然亦會考慮有自己家庭，亦要照顧父母退休生活，在多樣理財目標同時轟炸之下，30出頭的人往往感覺不知從何入手，以釐清次序及資源分配。

現職跨國會計師樓的 Stephen 工作很忙碌，但收入穩定，只要勤奮、工作不變，未來數年的職位及收入大致都已初步掌握，財政狀況應會持續改善。因此，Stephen 希望趁現在尚年輕，一方面為資產長線增值做好準備，另一方面，可以在未來組織自己家庭時，能夠擁有自己的物業。

四桶金配置策略

應急資金：在 3 字頭這個人生階段，四桶金分配要想得更為長遠，才能確保在有足夠人生保障下，放心讓餘下財富作投資增值，因此理財計劃更要精打細算。經了解，Stephen 的父母已接近退休之年，雖然仍然有工作但入息不穩定，而且因自己生意可能需要現金周轉，有機會需要多留儲備，應付父母的生活和醫療支出。

我建議 Stephen 要準備大概等同 12 個月日常支出的應急錢：以現時每月使費約 2.5 萬元計算，即是需要 30 萬元。慶幸 Stephen 畢業後工作不久，已買了兩份有儲蓄成份的人壽保單，累積了約 15 萬元可隨時提取的紅利及現金價值，所以他可以將這些資金計算入應急資金。換言之，他額外需要的應急錢只是 15 萬元。

人身風險儲備：Stephen 有責任照顧父母，但因為有其他家人提供生活費，現時他每月會給 5,000 元父母，作為零用錢。以 30 年為假設照

顧期，假設給父母的金額不變，便需要有180萬元（$5,000 x 12個月 x 30年）人壽保障，作為應付假如他不幸早逝，而留給父母的生活費。現時Stephen有人壽保障額60萬元，所以他要額外安排120萬元的人壽保障。如要較低成本，可以考慮定期壽險(即沒有儲蓄成分的人壽保險)，由於Stephen未來還有很多人生階段及責任要經歷，所以安排較高保費而兼具儲蓄成份的終身壽險也可以。

至於醫療保障方面，公司提供的只是基本計劃，但Stephen聽過不少同事因生病入院，但團體保單保障有限的問題，所以明白一份保障全面的醫療計劃是無可避免的。我建議他可以考慮較高墊底費及覆蓋亞洲區醫院的全面醫療計劃。危疾保障方面，Stephen正打算買100萬港元為保障的危疾，我認為如果醫療住院計劃保障足夠，這部分需要的保額相對可較彈性，視乎預算及需要而定，而所有保險保障必需每年定期檢討，確保足夠及適當。

平穩收益組合：在現金流方面，年紀尚輕的Stephen不乏中、短期要求，最主要都是用作交稅及旅行散心。這方面金額相對可以預算，而且不是持續支出，加上收入穩定，安排上可以較有彈性，所以可以選擇以股票收息作為這方面的安排。當中較複雜的問題是工作上的規管，因公司要求旗下員工不能投資在客戶的股票，所以他需要清楚公司規定才做決定。

至於他現有的股票金額不多，但牽涉一些消息類股份，如果沒有時間頻密炒賣及管理，我建議他不如選擇一些可攻可守的股票，包括穩定派息而市值較大的股票。除此之外，可以穩定派息的基金亦是不錯選擇。

長遠進取組合：Stephen較為重視這部分的安排，因為這影響到他未來置業、家庭生活質素及退休等方面的規劃。因公司規矩不能直接買股票，我建議最簡單的選擇是國際股票類基金或直接投資海外股票。另外，他也應在投資組合中，加入股票比例較高的儲蓄保單，一方面能夠降低因資產價格波動導致的投資風險，另一方面能提升組合整體長線回報。

在整體的資金安排上，扣除應急資金及保險安排後，餘下資金可按三七比例投放在穩定入息及長遠進取組合之中，而每月儲蓄亦可以按這個比例分布，開始之後，定期檢討亦非常重要。

至於更長線的強積金組合方面，Stephen現時選擇的基金大部份是股票基金，但當中有三隻基金投資組合非常接近，都是投資在香港的股票市場。我建議他認真了解現有強積金計劃中的選擇，因這種做法並非分散投資，反而可能是配置不當，影響回報。

理財建議：

《論語》中説到「三十而立」，代表30歲時人已經學有所成，能夠有把握地獨立處理事情。到了今天，「三十而立」相對不容易，因需要達到的目標更多。每逢朋友聚會，訴説多的是各自在事業上如何打拼，而更多的在講買樓買車買股票，甚至何時結婚生仔。我看過一篇在《福布斯》雜誌發表的文章，提到30歲時做的七個與金錢有關的決定，如何影響未來50歲的人生：

（一）選擇有發展前景的工作及公司

（二）開始工作時的薪金水平

（三）所選擇的另一半

（四）何時開始有孩子

（五）怎樣投資及配置資產

（六）考慮買樓或是租樓

（七）怎樣管理收支

為何這些事情對二十年後的人生有這樣大的影響？這是一個機會成本的概念，我已經是「入五」的人，再看到這七項決定，回想自己的30歲，如果當時沒有開始認真學習及執行財務策劃，今天可能仍然需要

營營役役，為口奔馳，而不能夠感受到再過數年便開展新階段的喜悅。所以，我提醒年青人，任何時候都總有挑戰和限制，但做好資產配置，長線必然見到良好效果，達到人生目標。

延伸思考：謹記管理強積金

對於每個職場新鮮人來說，管理強積金從來也是個「必問題」，包括應該如何選擇強積金計劃和基金等等。由2017年4月1日開始，強積金計劃加入了新基金組合，名為預設投資策略(Default Investment Strategy, DIS)，DIS是幫助計劃成員在人生階段中逐步降低投資風險，期望能鎖定過去利潤，長線亦不會完全沒有回報，對開始為退休日期倒數人士來說能夠有效減低投資風險。

如果完全沒有概念如何開始投資，以及風險承受能力屬於中等人士，DIS都是一個可以考慮的選擇，但可以更進取的人士，可考慮較高風險的股票基金。始終30多歲，距離合資格提取強積金的年齡還有30多年，這段時間，可以考慮承擔較高風險。這是退休投資和一般投資的分別之一，退休投資時，風險承擔水平和投資年期需要同時考慮。

單身族　事事以家庭為先

John	年齡：35歲	職業：金融機構
	狀況：單身，與父母及姊姊同住	

每月收支		現有資產	
月入	35,000	現金存款	69萬元
月供股票	(12,000)	定期存款	40萬元
家用	(5,000)	股票	75萬元
個人支出	(2000)	iBond	4萬元
強積金供款	(1,500)	強積金累算權益	34萬元
保險保費	(400)	可提取保單現金價值	9萬元
每月盈餘	14,100	資產淨值共計	231萬元

在金融機構工作的John，由於父母已接近退休，而與他年紀相約的姊姊因病長期未能工作，作為整個家庭經濟支柱的John雖然只有30多歲，但已經開始擔憂是否能夠達到自己的退休目標。一般人較少在這階段便認真想到退休問題，但俗語説「天有不測的風雲」，他的個案也很值得「背負較重」的人作參考。

先說說在工作方面，John現時的工作比較重複及沉悶，亦可能沒有需要與人交談，但他反而覺得這樣的工作模式最舒服，不用多說話，正正是配合他的工種。除此之外，他最喜愛的工餘活動便是休息，雖然假期都有機會與朋友聚會，但並不頻繁，而平常放工後更加沒有時間。

對於未來伴侶方面，John沒有甚麼期望，而且享受獨身的生活，所以從他現時的生活習慣及喜好來看，似乎現時的生活及財政管理方式最適合他，需要考慮的長線規劃都差不多。

在訂立自己的退休目標時，他以家庭需要為先，個人需要的重要性反而降低。在傾談之間，我感覺到John對未來較為悲觀，甚少提及自己對退休前後生活的期望，所以我嘗試與他討論一些較深入的問題，包括個人成長需要和組織家庭的考慮等，希望他可以清楚自己需要，而不會在長線規劃中遺漏了。

理財剖析：

我先從最遠的退休需要為John分析。為自己部署退休，首先想到每月的支出，John預算是現值的8,000元至9,000元，聽起來不多，但未來情況變幻莫測，他會不會低估了需要？我從John現時生活支出逐項分析，包括午餐、交通費及娛樂費等，他現時每月只用2,000元，所以相對上，他對退休期望的估算亦算合理，當然不是很多人有能力也只每月花2000元，所以大家參考這個案時要特別注意這點。

進一步是計算退休後的資金需要，假設John每月支出增加至現值1萬元，在60歲退休，預期壽命85歲，在60歲時，他便需要滾存到580萬元，才能應付期望的退休入息。扣除強積金預算累算權益之後，他在60歲時應需要額外的237萬元，以應付退休生活。從他現有資產組合、每月儲蓄及期望回報計算，預期他在60歲時能累積到1,899萬元，與其相差的退休缺口237萬元比較，他的生活支出有很大空間提升，其實可以對自己好些。

住屋問題方面，現時John與家人住在公屋，未來就算父母百年歸老，因要照顧同住患病姊姊，相信繼續居住亦沒有問題。不過，一旦因公屋富戶問題愈來愈嚴重而令政策改變，他與家人將來仍有被趕出公屋的可能；另方面，John也認為以自己的情況，將來都不可能買入私人住宅，於是我向他提議，可以綠表資格申請居屋。原來他從未有想過這做法，在現時有限的財政狀況下，這是一個機會擁有自置物業，並能改善一家人的居住環境。

四桶金配置策略

應急資金、人身風險儲備：John現時持有一份已繳清保費約22萬元的儲蓄壽險，以及一份仍要供款的保費回贈意外及人壽保單，整體上保障並不夠全面，亦解釋了為何他每月只需要400元的保險保費。

John現時首要考慮的保險是人壽保障，為家人未來生活做好保障，人壽保障額應該等同於他預計要照顧家人未來的所有支出，再扣除現有資產後的保障缺口。現時每月他給家人的支出為5,000元，未來父母退休時，支出有機會進一步增加，所以假設增至每月1萬元，一年則需要12萬元，以25年計算，他便需要最少300萬元人壽保障額，當中未考慮期間的通脹因素。

除此之外，由於他是家中的最重要經濟支柱，他還需要有足夠的醫療和危疾保障，應付因患病或意外而導致的支出及需要的生活費。以坊間常用的標準，危疾保障額等同3至5年的年薪計算，他需要的危疾保障便介乎126萬元至210萬元。

在醫療保險方面，John亦需要先檢討公司保障及個人的工作穩定程度。至於整體的保費支出，其中一個常用的參考指標，便是將每月薪金10%至15%作為保險保費，用作風險管理，所以John可以運用總數約每月3,500元至5,250元為保費預算購買保險，作為風險管理的成本。

平穩收益組合、長遠進取組合：John是否適合進取投資呢？根據常用的「100法則」，即投資比例最好佔全部存款的（100-年齡)%，他仍然可以考慮將資產65%用作進取投資，不過在開始之前，當然需要先撥開應急資金及保險保費支出，餘下的資金才用作進取及穩健投資的配置。

以他每月現有資產及月供股票的金額比較，我認為他可以再承擔多些風險，運用平均成本法策略，增加長線資金增值能力。在月供股票以外，可以考慮環球基金的月供計劃，也應該考慮將一些現金存款轉換為平穩收益工具，例如儲蓄保險或定息債券基金等，達至先前提及的35比65的資產配置比例。

延伸思考：不肯定的人生

生活中有很多不能控制的因素，就像John要照顧長期病患或年老的親人。不過，「今日唔知聽日事」，今天要面對挑戰，明天又是新一天，亦可能出現很好的發展機會。人生充滿變幻因素，我們都不能夠估計及掌握，不能少的，是對前景要持有正面樂觀的態度。

對事情悲觀，結果一定不好，相反懷著積極正面態度面對前景，方法總會出現，時常聽到人說：「辦法總比困難多。」雖然這是一些老生常談，但知易行難，只要能持續按需要分配資金，及堅持提升人力資本，我相信逆境過後便會出現機會，好好把握之下，未來相信會更好。

別有「短期賺大錢」的危險想法

Candice　　年齡：36歲　　職業：社工　　狀況：已婚

每月收支	
月入	35,000
個人支出	(20,000)
（包括強積金供款）	
每月盈餘	15,000

現有資產	
現金存款	100萬元
股票	12萬元
強積金累算權益	20萬元
與丈夫共同擁有自住物業	570萬元
未償還按揭	(220萬)
資產淨值共計	482萬元

想透過投資令資產增值相信是很多人的希望，而年紀愈輕的，心態大多愈進取，卻很容易會將投資和理財，甚至是投機的概念混淆，只希望在短時間內賺大錢，忽略背後必須承擔高風險，甚或是龐大的損失。

36歲的Candice在兩年多前只有一個目標，就是希望買入一個在港鐵上蓋的心儀單位。由於工作關係，Candice經常接觸到該樓盤附近社區，因此非常喜歡那區的環境，很希望買入該樓盤單位。當時樓盤仍

是樓花，預計2018年入伙，當時我跟她討論後，建議結論是他們賣出自住物業加上已擁有的資產，絕對有能力買入安樂窩，所以既然喜歡及有自住需要，當然可以買入。

兩年後再見，我原以為是Candice有了下一步人生規劃，但原來並非如此。當年Candice最終放棄買入心儀物業，原因是她買樓的「初心」經已改變，由希望擁有一個心儀單位自住，變為期望保留現有物業自住的同時，希望能夠多買一個單位投資，期望從中獲利。不過，由於資金明顯不足，Candice只能等待較低價格買入，而不幸地現實與期望出現明顯分別，結果是等不到了。

與Candice再見面，她的問題簡單直接：如何在5年內，將手頭上的100萬元現金滾存到200萬？先不要討論用甚麼工具，純粹簡單計算，用5年時間將100萬變成200萬，代表每年回報要達到近15%！不是沒可能，只是風險非常高。

四桶金配置策略

平穩收益組合、長遠進取組合：這次我先談投資組合，希望Candice明白到很難平穩地每年都達到15%回報，達到5年內將100萬變200萬的目標。Candice亦「退而求其次」，想了解如何能夠在5年內由100萬元變成150萬元，但根據計算，每年都要達到近8.5%回報。

同樣地，不是沒可能，只是風險不會少，而結果可以是損失！說到這裡，Candice仍以為可以有「低風險、高回報」的工具和策略。你是否也有這種不切實際的期望呢？

為了令她更清楚應該如何規劃財富、平衡回報與風險，我表列了6種常見的投資理財工具：定存，儲蓄保險，債券，基金，股票和房地產，再根據不同指標，包括被動入息、保證收益、長期增值等，要求她分配現有的100萬元。

她思考一番後，決定將不多於20萬元放在定期存款，年期介乎1至3年，期望賺取大概2厘年利息，預計投資最多的是股票，金額50萬元，預算持有超過十年。至於其他資金，她考慮投資車位，以收租為主要收益。經過這個練習，Candice了解到無論如何分配資金，當平衡了風險後，她最初所想的期望回報都是過份樂觀。她也更清楚自己的理財特質，就是分不清楚投資和理財，只希望短時間賺大錢，忽略了高回報的背後必須承擔高風險，而承擔高風險後都可能面對很大損失。

應急資金、人身風險儲備：保存應急流動現金應大約等於3至6個月日常支出金額，即約6萬至12萬元，之後處理人身風險保障，包括人壽、醫療和危疾保障。不過，Candice因工作環境影響，見到不少長者因病早逝，壽命低於統計處公布的平均預期壽命，因此她上次見面時已認定人的壽命有限。到今天再見面，她如實說出她另一負面想

法，原來她從心底非常抗拒任何保險產品，這由於她曾經與不夠專業的理財顧問溝通，令她產生了壞印象，覺得保險全都是騙人的。

我向她解釋，千萬不要因為別人的不當行為而令自己失去應有的保障，而她身為社工，工作需要面對很多患病長者，她亦應該明白「有病但無錢醫」的煩惱，加上在今天的社會，人不單愈來愈長壽，而且醫療發達，很多絕症變成長期病患，需要長期治療和醫療支出，所以我提醒她，應該要認真了解問題及處理人身風險保障這部份，之後才考慮長遠增值。

理財建議：

回想當日的決定是對是錯？由於初心不一樣，考慮的因素都不一樣，對與錯，只有 Candice 能回答自己。但兩年多後的今日，我發現她的理財目標大不同，當日從個人需要出發的她，今天卻多了想「賺大錢」的危險想法，更顯得有點迷失。

我過去曾與過千位人士面談相討，協助他們規劃人生理財，所以亦很明白 Candice 在這兩年多的心理歷程。正是因為最初的想法不能實行，之後開始胡思亂想，期望能夠一步登天，追回過去的損失或是少賺的金錢。在這種狀態下，除非運氣好，否則到頭來心急求成導致面對很大的衝擊，做錯決定的機會率可能是百分百。

透過今次面談,再加上Candice兩年多前考慮買樓的經歷,我期望她能夠想清楚,怎樣才能做好一個全面的財富組合。而今次Candice只提供了個人財政狀況,而非與丈夫的一起商討,我建議夫婦兩人從現在起認真地思考理財方向,如何選擇投資不是最重要,最重要是夫妻同心,未來數十年共同經歷好與壞,令人生更豐盛。

延伸思考:搏殺期的理財安排

30多歲的人正值年輕搏殺期,理財心態難免較為進取,但資金有限,沒有計劃不行,但這階段的理財計劃不能只攻不守,基本需要包括以下5部份:

(一) 必需準備應急錢,不要求收益,但要有靈活性

(二) 一定要避免無謂債務,例如因為消費而透支信用卡或私人貸款

(三) 視乎家庭成員狀況,有未成年子女或有多人需要照顧的話,必需預備遺囑

(四) 需有人壽保險保障身邊人的未來生活,醫療和危疾保障則對沖健康風險,控制難以估計的醫療支出

(五) 有餘錢便要投資,但不要混淆投資和投機,投資是有年期的累積財富計劃,投機是把握現時的機會期望短期獲利,如資金充裕及有知識和時間,才好參與投機,否則應專注在投資。

職場中年危機　物業、股票護身

Dicky	年齡：39歲	職業：銀行
	狀況：與伴侶同居	

每月收支	
月入	63,000
家庭及個人支出	(15,000)
強積金供款	(3,150)
按揭還款 （尚欠21年）	(22,000)
保險	(2,700)
每月盈餘	20,150

現有資產	
現金存款	128萬元
外幣存款	561萬元
股票及基金	44萬元
強積金累算權益	104萬元
紙黃金	26萬元
自住物業	817萬元
未償還按揭	(514)萬元
資產淨值共計	1,166萬元

保險安排		
種類	保障額	每年保費
人壽及附加保障（美元）	25,000	1,780
危疾及附加保障（美元，2026年供滿）	40,000	780
危疾保障	100萬	12,000
住院保障	有	

6年多前與Dicky首次見面，他只是30歲出頭，認為活在當下最重要，對居住亦無特別大要求，最關心是與伴侶的未來生活，面對公司裁員及收緊資源，他亦想提早退休。事隔數年再見，最大的不同是，Dicky的資產已3級跳，部分來自家人和伴侶。

以前Dicky與家人同住，認為有個免費居所已相當滿足，如今成為「有樓之人」，對工作的期望也改變了，以前他對工作前景悲觀，只希望能夠50歲退休，現在他心態上感覺經歷過最大難關後，不但沒有堅持50歲退休，反而希望能夠長做長有，反正怕提早退休，不工作亦只是無所事事，但都期望了解未來退休時是否有足夠資金。

理財剖析：

既然問題是想了解是否有足夠資產退休，擔心資金是否足夠，第一步我便與他計一計數。假設他期望退休後能維持現值2萬元生活費，如他選擇50歲退休，以目前組合來看，只要將每月盈餘的2萬元平穩地滾存，50歲時已能夠累積到1,164萬元，相對到時需要的665萬元差額，已有非常充裕的金額。

假設Dicky期望能夠增加退休入息到3萬元，他便需要延遲到大概52歲退休，才能夠滾存到足夠金額。整體而言，Dick並沒有金錢問題，始終現時他的退休期望較為踏實，亦較為樂觀面對充實生活，而不打算提早退休。

另一方面，雖然Dicky在銀行工作了超過10年，但不屬於前線，所以總覺得自己不太明白理財產品，但因不少同事都有參與，他也人云亦云，所以他亦有各類不同的投資和保障產品。在了解完財政需要之後，Dicky的最大疑問便是應如何檢討投資和保險的安排，看現在的安排是否適當。

四桶金配置策略

應急資金：首先從標準組合管理開始，正如我一向提倡的四桶金概念，Dicky應該包括四項不同資產在組合。第一是應急資金，因現在他仍有工作，我建議他保存六個月日常支出作流動現金已經足夠，以他現時的收支狀況來說，即是需要不多於25萬元。

人身風險儲備：第二項是與風險管理有關的保險安排。雖然Dicky在人壽、住院和危疾保障方面都有安排，但金額並不完全足夠，以人壽保障額來說，他應該持有不少於未償還按揭金額的人壽保障額，以現時只有2.5萬美元(約19.5萬港元)的保障來說，是嚴重不足。至於危疾和住院方面，現階段尚算可以接受，但亦要定期及按人生階段需要而檢討。

平穩收益組合：Dicky現時仍然年青，相對需要穩定入息的金額不高，可以考慮的工具包括投資級別債券，有派息而價格波幅較低的股票，

派息基金、年金和具儲蓄及靈活派發收益的人壽保單等。我強調，各類工具都能派發收益，但風險水平有異，投資前要確保了解產品特性。

長遠進取組合：長遠增值來說，離不開投資物業和股票及股票類基金等。這四項基本財富組合安排是少不了，但比例便因人而異。以Dicky目前擁有穩定收入及還有最少11年才退休來說，長遠增值的比例可高於平穩收益組合。

理財建議：

Dicky現時的資產組合存在著一個問題，就是流動現金及外幣存款比例太高，扣除自住物業，有65%是外幣，包括日圓、人民幣和美金。雖然在加息周期持有美元能夠賺取較高利息，但貨幣走勢同樣是波動難測，英鎊在脫歐公投後的波幅已是很好例子。如果是因追求穩定收益才持有外幣，可能結果會出人意表，未必能追到通脹，長線持有亦不一定是穩賺。

另一方面，相比於港元，人民幣有機會能賺取較高利息，可惜匯價近年波動很大，2015及2016年下跌之後，2017年又回升，但在2018年的上半年，雖然一度處於強勢，但之後又打回原形，反反覆覆，隨時收到的利息都未必能夠填補匯率上的損失，所以我並不鼓勵主要透過投資外幣，作為長線退休規劃的安排。

還有的是強積金組合，需要留意的是當資金已滾存到一定金額後，需要了解定期檢討和調校可承受風險的重要性次序，相對選擇更高回報的基金更高。檢討包括自訂獲利位及重新買入位，當累算權益已滾存到數十萬金額，單靠每月供款再加上平均投資法的影響相對已不高，所以建議應該分開兩類策略投資。

懶打理股票倒蝕　生意人可買基金

Chris　年齡：48歲　職業：零售生意　狀況：準備結婚

每月收支	
月入	20萬元
租金	（65,000）
個人及家庭支出	（30,000）
強積金供款	(4,500)
保險保費	(2,600)
每月盈餘	97,900

現有資產	。
現金存款	300萬元
股票	2,350萬元
強積金	160萬元
資產淨值共計	2,810萬元

在香港從事零售生意，過往好景時就收入穩定，但現時與過往同月相
比，單月的收入可達四成跌幅，所以48歲的Chris對前景審慎小心；
加上他打算與拍拖多年的女友共諧連理，進入另一人生階段，也有計
劃在8年後開始退休，打開主要為股票的資產組合，才發現金額雖大，
但由於沒有時間打理，多年來的資產累計更要「倒蝕」，於是找上我給
他意見，如何重新分配資產，為未來準備。

理財剖析：

Chris是一個爽快人，雖然只是初次與我見面，但一開始已經表現熱誠，將他的股票結單展示出來。他的投資組合多達40多隻不同類別的香港股票，合計2,300多萬元，花多眼亂。他笑說，買了股票之後，很多時沒有時間留意升跌，所以有一些是十多年前從IPO得來的股票，當時價格與現在相比已經有數倍升幅。可惜，有大賺的股票，亦有大蝕的股票，高峰期的股票組合價值可以是現時的兩倍，但現在埋單計數，他仍要虧蝕大約200萬元。所以，Chris不希望再只是利用香港股票作為財富增長工具，更希望能夠為未來打算，大約在56歲退休時，希望能享受穩定而長遠的收益。

四桶金配置策略

應急資金：Chris期望56歲時退休，距離現時還有8年，假如到時才準備應急錢，只有銀行存款的一個選擇，但現在開始準備的話，可以透過有限供款期及具有現金價值的保單做預算，而需要預算的現金價值，應以能夠滾存等同最少12個月至24個月日常支出為標準。今天他的一年支出大約是100萬元，所以他的目標，應是能在8年內滾存100萬元為現金價值的儲蓄保險作為應急錢。

人身風險儲備：第二部分是 Chris 最感困惑的部分。現時他有人壽及危疾保障 8 萬美元，再加上保單上限大概 40 萬元的醫療保險，究竟是否足夠呢？答案很明顯是不足夠，因為當面對真正嚴重疾病需要住院和做手術的話，一般私家醫院很快便用完這 40 萬元保障額，屆時便別無選擇地進入公立醫院繼續治療或花掉退休儲備。至於純是針對指定嚴重疾病才能預先得到賠償的人壽保障附加危疾，我認為都是不足夠的，更不能夠將兩個保障額加起來等同 16 萬元的總人壽及危疾保障計算。

平穩收益組合：第三部分 Chris 需要的是安排未來的穩定收入，而他現時是沒有相關的安排。這部分的預期回報並不是為了追求高收益，而是追求生活所需要的平穩入息，所以選擇的產品首要是風險屬於中度，預期回報比通脹高的較適合，例如債券為主的派息基金，還有可按要求而發放收益的保險類儲蓄產品。由於 Chris 期望退休後能夠維持現值每年 100 萬元的生活費，如選擇以「食息唔食本」的方式收取收益，假設派發收益率為 4%，他需要準備 2,500 萬元，如果收益中包括派發本金，總金額可相對較少。

長遠進取組合：最後便是他的長遠增長組合，這部分通常與股票相關，例如直接投資股票和股票基金等，Chris 明白這種資產組合對他最適當，但問題是要將現有資產組合翻天覆地改變，比較抗拒。我相信因現有的投資組合主要是進取資產，亦面對市值較投資金額略遜的問題，所以建議他不要心急在短時間內一次過完成所有預期改動，但要緊密留意組合隨市場狀況轉變的走勢，有機會要嚴格執行設定的指示。

理財建議：

現時 Chris 的組合主要是進取資產，而投資者是否要承擔如此高風險，還需考慮真正需要是多少。以 Chris 期望的退休入息計算，如果他今天便退休，預期壽命為 85 歲，他要 2,924 萬元來達到期望生活，而今天的 2,810 萬元已是目標的 96%；如果以期望入息每月 6 萬現值計算，只需要 2,506 萬元，已經超標 112%。至於現時每月 9 萬多元的盈餘，我認為可以按個人喜好而投資在不同資產，但目前組合中，進取資產佔了 89%，而且已累積了大部份退休資產，所以整體風險偏高及未來要的金額相對不多。我給的建議是，他應該選擇月供一些退休後能夠提供穩定收益的工具，潛在高回報不是最重要。

延伸思考：退休前收入與退休後支出

沒有購入自住物業的 Chris 現時的主要支出是租金，佔收入的 32.5%，他預算，退休時搬到其他地區居住，以 3 萬多元的月租不難找到合適居所，而其他生活需要約需 3 萬多元，所以他預計 6 萬至 7 萬元，作為每月退休入息需要。

財務策劃有一個「替代入息比率」，用作預算退休後入息與退休前收入的比率，理論上前者一般為剛退休入息的三分二或約 70%，Chris 的比率大概是 30% 至 35%。但生活水平的差異，對這比率的要求有很大

不同，收入愈高，比率可能愈低，相反收入一般人士，可能比率會較高，甚至超越 100%，所以不能一概而論。

另一方面，收入的多少反映了人的人力資本實力，市場及運氣都起了重要的決定，但支出是反映人的生活習慣及期望，而這方面是可以由自己決定的，所以收入和支出兩個數字可以沒有關係。就像 Chris 説自己的生活要求不高，支出可以佔收入的很少部份，因此，如何規劃退休入息需要，不是看今天賺多少，而是如何看待生活，健康的退休生活需要金錢、身體和心理健康三方面同步關注，才能任何時候都開心快樂。

計劃退休　5字頭投資看重現金流

Annie	年齡：53歲	職業：社福界管理層
狀況：單身，與家人同住		

每月收支	
月入	90,000萬元
個人及家庭支出	（38,000）
保險保費	（2,600）
退休金供款	（9,000）
每月盈餘	**40,400**

現有資產	
現金存款	290萬元
退休金累算權益	590萬元
自住物業	850萬元
資產淨值共計	**1,730萬元**

在香港生活忙碌，很多打工仔眼見手頭上有一定資產，都渴望提早退休，或轉做兼職，希望生活可輕鬆一點。無論是上述哪一個選擇，將資產妥善分配都是必須的。

在社福機構任管理層的Annie，計劃兩年後提早退休。現時有不少人已了解，退休後為自己製造現金流的重要，因此在Annie的個案，投資資產可細分3份，按風險、回報分配，達至活到99歲，也可安享晚年的方案。

理財剖析：

Annie打算兩年後申請提早退休，但有點擔心屆時是否能夠達到期望，或能否主動做選擇。為了能讓我清楚自己處境，她更在見面前，先電郵了一篇「千字文」，詳細列出自己的收支、資產現狀及不同保險單的內容。

在她的計劃中，估計60歲前仍能夠從事兼職，賺取每月1萬多元收入，一年約是13萬元，而她估計，退休後的日常支出與目前的相差不大，一年約45萬，換言之，一年她需要額外32萬元，以維持日常支出的需要。由於Annie現時為單身，相信未來改變機會不大，所以較容易預算支出，未來有大變化的機會不大。

假設Annie兩年後真的退休，現時她每月能儲蓄4萬元，兩年之後，盈餘儲蓄便有96萬元，再加上現有的290萬元現金及估計約有650萬元退休金，退休時，她將擁有逾1,000萬元可投資資產。

四桶金配置策略

應急資金：一個好的退休財富組合，必須包括4種資產。首先是應急錢，一般等同於退休後12個月日常支出的金額，依現時Annie計算為60萬元，由於她現有的儲蓄保險中的可提取金額已有這個數字，所以

她不需要全部保存現金60萬元為應急錢，我建議她只保存一半，即現金約30萬元作應急錢已可以，差額則可由保險的現金價值作支援。

人身風險儲備：退休後有很多使費都能控制，但醫療支出除外。Annie現時的醫療保險每年保費約6,500元 ，隨年齡增加，保費亦會向上增加；現時的保額雖能保障九成住院及手術費用，但每年賠償上限為30萬元，面對需要長期治療的狀況，恐怕未夠全面，所以有需要檢討保障額。另外，因為Annie沒有未完責任，理論上沒有人壽保障亦沒有大問題，而危疾保險的賠償額有100萬元，相信能夠滿足基本需要。

平穩收益組合、長遠進取組合：第三種資產組合便是穩定入息，第四項是長遠增長資產，這方面我利用現金流分析與Annie估計未來需要的資金收支狀況。

假設Annie在55歲退休時，將1,000萬元資金分為三部分。第一部分是200萬元的儲蓄組合，用作應付未來數年的支出；第二部分是600萬元的平穩組合，投資於每年平均3.5%期望回報的產品，而餘下的200萬元可保存為進取組合，期望平均每年回報為6%或以上，而每年假設通脹為3%。每年支出會按通脹增加，與此同時，儲蓄組合扣除該年支出後，以活期存款利率回報繼續滾存收益，所以在未來5至6年，便會差不多全花掉該200萬元，但60歲時，Annie其中一份儲蓄保險到期，預期能製造120萬元回報，能夠用作日常生活需要。

直至這筆資金用盡，我提議可從平穩組合中調配資產到儲蓄組合，維持穩定收入。從現在開始計算，有10年或以上時間讓平穩組合增長，相對實際回報有更大機會達到預期。同樣運作下，儲蓄組合資金用盡，又再由平穩組合調出資金，到80歲時，另一份儲蓄保險到期，估計能提供400萬元作生活資金。

同樣假設，Annie手上的儲蓄組合及平穩組合資產應足夠資金運用到86歲，屆時才考慮是否需要運用進取組合。最初有200萬元的進取組合，經過逾30年滾存，有機會滾存至超過1,200萬元，可應付到99歲的生活需要，而不需要利用自住物業來製造入息。

理財建議：

從資金流來看，只要Annie處理好一些預計出現的大額支出，例如醫療支出，相信她退休後要過平平穩穩的生活，應該沒有問題，相比之上，其實Annie更要考慮是未來的生活安排，始終快樂退休不應只有金錢，還應該有身體健康、心理健康及健康社交生活。

延伸思考：欠社會支援的中產長者

現時針對長者的政府政策，基本上傾斜在一些財政狀況不太理想的長者身上，希望幫助他們能夠老有所依、老有所養。另一方面，對社會有很大貢獻但沒有很多福利的一群中產，卻要面對自求多福的「自己搞掂」退休計劃。就像Annie一樣，資產狀況不差，但又未清楚是否能夠安享晚年，同時從很多渠道接收到相關信息，卻不知道甚麼安排最適合自己。

針對這類長者或將會退休人士，他們同樣需要很多幫助，所以我個人計劃未來退休後，其中一個活動便是提供長者理財教育，希望能夠運用個人知識和經驗，為香港現時其中一個迫切的社會問題作出貢獻，同時間，這亦是我的老有所為的退休生活，所以2018年我重新上學去，為未來豐盛退休人生而修讀博士學位。

「被退休」打亂部署 善用老本滾存財富

Amy 年齡：59歲 職業：已退休，以前為製造業管理層
狀況：與年老家人同住

每月收支	
投資收益	18,400
家庭支出	(16,000)
個人支出	(10,000)
旅遊及其他支出	(6,000)
保險保費	(4,000)
物業維修儲備	(1,000)
每月透支	**(18,600)**

現有資產	
自住物業	420萬
年金收益 (2年後開始提取)	360萬
銀行存款	320萬
債券	210萬
中港股票基金	150萬
派息基金	83萬
香港股票	62萬
強積金累算權益	48萬
資產淨值	**1,653**萬

現年59歲的Amy，2015年年底因公司重組而「被退休」，幸好退休前有很好的儲蓄及支出習慣，現時她持有總值1,653萬元的資產，手上的股票、債券和基金每月也帶來約1.9萬元收入，退休歲月理應不成問題。

不過，和父親同住的Amy每月支出達3.7萬元，長此下去擔心總有坐食山崩的一天。Amy既要善用老本應付日常支出，同時又要精明投資，將資產滾存增值為晚年及早準備，究竟「魚與熊掌」能否兼得？

理財剖析：

Amy被迫退下來時，本有更多時間與家人相處，但不幸地當年母親因病去世，令她感覺未盡孝道，現時與85歲父親同住。她希望老父有生之年也開心快樂，故不太計較生活使費，現時每月慣常支出平均約3.7萬元，除了父親和個人日常支出以外，還有旅遊和喜慶節日使費等等。

Amy早前看過了《四桶金富足退休指南》，也出席過我的講座，早已明白退休入息的重要性，所以她手上的資產主要以提供入息為本，包括年金計劃、派息基金、企業債券和派息穩定的藍籌股票組合等等。

針對已經進入退休支出期的Amy，我利用現金流策略，分析現有資產是否足夠運用，達到期望退休生活。首先，根據她現時的組合，派息收益來自基金、股票和企業債，每月收入大概1.84萬元，相比每月約3.7萬元支出，相差近1.9萬元。

四桶金配置策略

應急資金： 付入不敷支的狀況，Amy保存現金存款約320萬元，用作填補每月收入的不足。宏觀Amy的總資產，扣除自住物業後，現金佔整體資產比例近26%，我認為屬於偏高，令整體財富組合增值效率大打折扣。經過一輪解釋，Amy明白資產配置需要改變，希望可確保有足夠入息的同時，亦能夠長線令資產增值，令「老本」可運用更長時間。

扣除自住物業後，再加上未來6年需要繳交的人壽保險保費19萬元後，Amy總共可運用資產價值為1,214萬元。我建議她先將這筆資金分為三部分，分別是應付未來5至6年需要的流動現金，大約200萬元；另外是總值400萬元的平穩組合，預期回報每年約3.5%，第三部分是進取組合，是餘下的614萬元，假設每年回報約6%。

人身風險儲備： 支出方面，因部分支出是跟Amy父親有關，所以未來支出有機會隨老人家百年歸老後，使費將降低。當然，醫療支出會隨年齡出現和增加。我審視了Amy現有的保險保障，包括35萬元的危疾保障，還有150萬元的人壽，另外有一份基本保障的住院計劃。人壽保單還有六年便完成供款，屆時將提供一筆額外的潛在入息。至於醫療保障，Amy投保的只是最基本一類，需檢討應怎樣增加醫療保障。

平穩收益組合、長遠進取組合： 扣除完成供款的保險保費後，以Amy一年支出約41萬元計算，每年按通脹增加，第一筆流動資金由現在起可用到63歲，64歲時便要將平穩組合中的200萬元轉移到流動現金組合，繼續維持使費。到她68歲時，再從進取組合中提取300萬元應付

之後的生活開支。因進取組合部分是10年後才需要運用，以10年投資期來說，有更大機會能夠達到期望回報。

根據類似安排，Amy的資金會在三個組合之中調動，配合預期回報，應付按通脹增加的生活開支，推算她的資產能一直運用到90歲。若到時要維持現有生活水平，便需要將剩餘資產 —— 自住物業申請安老按揭，繼續提供現金，同時可繼續居住。以上資產配置，一方面能應付生活需要，同時亦不會放棄資產的中、長線增值能力。

理財建議：

說回投資，原來Amy曾被高息吸引，過度集中投資在單一債券，結果因個別債券違規、發債公司宣布破產，平白損失了20萬美元。另外她也聽從了一些投資專家意見，買入集中在中港市場的基金，忽略了投資組合的整體配置，令風險增加。經過今次面談，Amy認同要以未來需要的現金流，作理財目標。因此她會重新分布資產，以獲取更理想的被動入息。

因此合適的資產配置及現金流規劃，是退休規劃的最重要考慮！如果到退休時才發覺有問題，便會很難改變。今天已到「入五」之齡的朋友，如果打算十年內便退休，便需要開始做好資產配置。除了先準備好應急資金和保險保障外，也要考慮期望支出。根據需要而計算有多少資產可用作滾存，務求獲得穩定收益；餘下資產便用作長線增值，這亦是我時常提倡的四桶金退休理財策略。

結語

如果要二選一，你認為下列哪類型的投資風格較似你呢？

一）期望平平穩穩賺取收益

二）希望轟轟烈烈追求刺激

假如你是第二類投資者，可能閱讀完這本書之後感覺一無所得，又或會極度失望，因書中並沒有提供任何必買股票冧把或推介未來投資市場機遇。

在大學我已修讀投資分析學科，是香港中文大學第一屆金融學碩士畢業生，當年的成績更是可以獲得獎學金幫補學費的；加上曾經從事投資顧問工作，所以我早在25年前已經投資股票、基金及衍生工具。具備足夠知識和經驗，應該投資無難度。可惜我的早期投資經歷並未能助我富足一生，反而是負債一身。痛定思痛，重新開始學習投資。

"The Art of Execution: How the World's Best Investors Get It Wrong and Still Make Millions in the Markets" 的作者Mr. Lee Freeman-Shor是一名資深投資經理，他在書中分析了不同成功的專業投資者，發現少於一半的投資概念最終能賺錢，但因為他們懂

得適當地檢討及管理組合，結果都能成功。市場時刻在變，如果你不是專業投資者，或是沒有能力和時間花在研究上，要跑贏大市或一般散戶實不容易。而且個人因素亦有非常重要的影響，所以能精簡管理組合的時間及改善心理因素導致的不理性投資行為，投資獲利的機會才會增加。

這本書所寫的內容是價值投資法則，但和大家認識用作評估股票價值的「價值投資法」不同，我強調的投資方法是力求簡單易用，Simple is the best！無論市場升升跌跌，都不是你我能控制，每次能夠贏錢很大程度和運氣有關，所以當你能夠在投資前已經想好後果及明白自己會經歷的心理狀況改變，到運氣好而投資上升時，你亦懂得如何保存利潤，相反到沒有運氣而投資虧損時，雖然不能賺錢，但起碼可以持盈保泰，到市場在低位時亦有信心和本錢可以投資買進，歷史告訴我們經濟和金融市場都是周期，只要你能夠在劣境時守住資金，將來便能夠在好境時追回失地，結果能夠達成目標。

另外，很多人以為投資便是很快能賺大錢的方法，其實觀念錯了，盲目追求短時間獲取高回報的結果，有機會是「曾經開心過，結局輸更多」！投資的真正意義是為未來需要的支出規劃，只是一種方

法協助累積更多財富，但要如何處理滾存的財富和規劃人生同樣需要極度關注，所以希望耐心閱讀完畢這書的朋友，能夠了解當中重要的觀念。部分書中的概念以趣味性形式介紹，令你印象可以更深刻，包括：

★ SPEED 投資快上手原則（第一課）

★ 年金難題（第二課）

★ 4D 執行投資法則（第三課）

★「釣魚組合」及計算機（第三課）

★ 三「富」人生投資方向（第三課）

★ GROW 增長問題模式檢討投資理財（第四課）

★ SMART 設定投資理財目標法則（第四課）

★ 恆指 2,000 點買賣策略 （第四課）

★ PILL 對症下藥選擇年金策略 （第四課）

★ 退休支出三種錢 （第五課）

★ RICH DAD「富爸爸」投資房產考慮 （第五課）

★ 優質退休新生活 15 問（第六課）

★ 四桶金配置策略（第七課）

以上提到的重點只是部份書中討論過的概念，這本書的內容很豐富，很值得重複閱讀，希望能伴隨你面對不同人生階段的投資高低潮。歡迎讀者在我的facebook專頁與我交流和分享投資理財心得：

 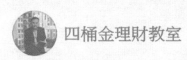

長風破浪會有時，直掛雲帆濟滄海。

(李白《行路難》其一)

Wealth 96

四桶金
投資快上手

作者	林昶恆
出版經理	呂雪玲
責任編輯	Carlos Yan、周奕生
書籍設計	Gigi Ho
相片提供	Getty Images

出版	天窗出版社有限公司 Enrich Publishing Ltd.
發行	天窗出版社有限公司 Enrich Publishing Ltd.
	香港九龍觀塘鴻圖道78號17樓A室
電話	(852) 2793 5678
傳真	(852) 2793 5030
網址	www.enrichculture.com
電郵	info@enrichculture.com
出版日期	2019年1月初版

承印	嘉昱有限公司
	九龍新蒲崗大有街26-28號天虹大廈7字樓
紙品供應	興泰行洋紙有限公司

定價	港幣 $138　新台幣 $580
國際書號	978-988-8599-02-8
圖書分類	(1)工商管理　(2)投資理財

支持環保　此書紙張經無氯漂白及以北歐再生林木纖維製造，並採用環保油墨。